Taschenschmöker aus Vergangenheit und Gegenwart

Taschenschmöker aus Vergangenheit und Gegenwart

Neu und wieder aufgelegt

Berlin 2016

Armageddon 2419

Eine Science-Fiction-Erzählung von

Philip Francis Nowlan

Aus dem Amerikanischen von Meiko Richert

Edition Dornbrunnen

Taschenschmöker aus Vergangenheit und Gegenwart

Deutscher Text nach der Originalausgabe in *Amazing Stories* vom August 1928

Übersetzung aus dem Amerikanischen von Meiko Richert
(Armageddon 2419 A. D.)

Korrekturen und Lektorat: Frank Nietsch

Die Deutsche Nationalbibliothek verzeichnet diese Publikation in der Deutschen Nationalbibliografie; detaillierte bibliografische Daten sind im Internet über
http://dnb.d-nb.de
abrufbar.

1. Auflage 2016

ISBN 978-3-943275-16-2

Sven-R. Schulz, Dornbrunner Straße 16, 12437 Berlin
www.edition-dornbrunnen.de
Titelgestaltung: Sven-R. Schulz unter Verwendung einer Zeichnung
von Florian Gelbmann

Druck und Vertrieb: Book on Demand GmbH, Norderstedt
PNTS18

Inhalt

Editorische Vorbemerkungen

Als ich im Jahr 2011 mein kleines Verlagsprojekt startete, schwebte mir für meine Taschenbuchserie der *Dornbrunnen Taschenschmöker* eine bunte Mischung aus vielen Genres der Unterhaltungsliteratur des 19. und frühen 20. Jahrhunderts vor. Das beginnt bei den großen Klassikern der Abenteuerliteratur wie Alexandre Dumas, Emilio Salgari und Jules Verne, die alle bereits mit mehreren Titeln vertreten sind, und sollte sich auch auf andere Genres erstrecken, wie beispielsweise frühe Kriminalromane von z.B. Edgar Wallace und auch frühe Science-Fiction-Literatur.

Bei der Suche nach geeigneten Science-Fiction-Texten dachte ich in erster Linie an jene Art von Geschichten, wie sie seinerzeit in den zahllosen amerikanischen Pulpheften abgedruckt waren, und von denen nur ein geringer Bruchteil seinen Weg auf den deutschsprachigen Buchmarkt fand. Einer der bedeutendsten Namen, der mir aus jener Zeit einfiel, war der des Tarzan-Autors Edgar Rice Burroughs. Und so wagte ich vor einigen Jahren den Versuch, mit der ERB Inc. in Kontakt zu treten, um die Rechte für eine seiner zahlreichen Science-Fiction-Erzählungen zu erhalten. Letztendlich scheiterte der Versuch allerdings an dem Umstand, dass für einen so kleinen und vor allem als Hobbyprojekt betriebenen Verlag ein solches Unterfangen nicht umsetzbar war. Also hielt ich nach anderen Autoren Ausschau, die ähnliche Erzählungen wie die von Burroughs verfasst haben. Dabei stieß ich irgendwann auf eine Erzählung mit dem Titel *The Prince of Mars Returns* von Philip Francis Nowlan (1888–1940). Dieser Autor erwies sich für mich als äußerst interessant, war er doch auch der Schöpfer einer der bekanntesten Serienfiguren der amerikanischen Science-Fiction-Literatur, nämlich *Buck Rogers*.

Weitere Recherchen zeigten, dass bisher keine deutschsprachige Ausgabe der Werke Nowlans vorlag, sodass langsam der Entschluss reifte, auch den deutschsprachigen Science-Fiction-Lesern die Ursprungsgeschichte des bekannten Überhelden vorzustellen, der nach einem tragischen Unfall fast fünfhundert Jahre im Tiefschlaf verbringt, um dann in einer zukünftigen Welt aufregende Abenteuer zu erleben.

Einer Welt, die von den Han besetzt ist, einer technisch weit überlegenen Generation von Mongolen; und auch einer Welt, in der die Amerikaner längst aus ihren Städten vertrieben sind und als Gejagte in den weiten Wäldern des Landes Schutz zu finden hoffen. Eine Hoffnung, die sich immer wieder als trügerisch erweist, wenn sie von den Han aus der Luft heraus bombardiert werden, was den ständigen Hass der Amerikaner gegen die Eroberer schürt.

Damit folgt der Autor Nowlan einem durchaus zeitüblichen Gut-und-Böse-Schema in der Literatur, im Comic und im Film, in dem freie und heldenhafte Menschen europäischer Prägung gegen schurkische und intrigante Asiaten antreten; einem Schema, das nicht ohne Klischees und üble Verleumdungen auskommt, die heutzutage zu Recht als rassistisch bezeichnet werden müssen. Und so enthält auch der vorliegende Text einige wenige, aber durchaus fragwürdige und unangemessene Formulierungen, die meist in Verbindung mit dem Wort »gelb«, als Synonym für die Hautfarbe der Mongolen und Chinesen daherkommen, und die damit als rassistisch eingestuft werden müssen.

Diese Vorbehalte gegen vor allem ostasiatische Völkerschaften hatte eine lange Tradition, die bis in die Antike zurückreicht, als die Hunnen bis weit in das mittlere Europa vordrangen und dort die Bollwerke abendländischer Kultur, das Ost- und auch das Weströmische Reich bedrohten. Gut siebenhundert Jahre später waren es dann die Mongolen unter Dschingis Khan, die ein Reich errichteten, das sich bis über die Grenzen des östlichen Europas erstreckte und die Menschen in Angst und Schrecken über echte und vermeintliche Gräueltaten der asiatischen Eroberer versetzte.

Die Erinnerung an diese Angst hielt sich bis weit in die europäische Kolonialzeit hinein, um immer wieder dann aufzuflammen, wenn es in den besetzten asiatischen Kolonialgebieten zu Zwischenfällen oder gar zu Aufständen kam. Besonders gegen Ende des 19. Jahrhunderts begann man mehr und mehr zu fürchten, dass sich Reiche wie China, mit ihren schon damals riesigen Menschenmassen, wieder ihrer ehemaligen Größe und Macht bewusst werden und sowohl den europäischen als auch amerikanischen Mächten die Stirn bieten könnten. Es bildete sich das Schlagwort der sogenannten »Gelben Gefahr«, die, aus dem Osten kommend, angeblich die Lebensweise, Kultur aber auch die weltweite politische Vormachtstellung des Abendlandes bedrohte. Eine Vorstellung, die vielen Menschen, die sich als sogenannte »weiße Rasse« als Krone der göttlichen Schöpfung betrachteten, nicht behagte.

Im Jahr 1899 kam es in China zum Boxeraufstand, der zeigte, dass das chinesische Volk nicht länger gewillt war, sich den europäischen Richtlinien zu unterwerfen. Während dieser Aufstand noch blutig niedergeschlagen werden konnte, erlebte wenige Jahre später die europäische Großmacht Russland einen wahren Albtraum, als sie 1905 im Krieg gegen Japan eine herbe Niederlage einstecken musste und dabei die Mandschurei verlor. Japan setzte sich in den folgenden Jahren dort fest und betrachtete die Region als Basis für eine äußerst aggressive Außenpolitik, wodurch sie auch zu einer Bedrohung für die englische, französische und amerikanische Außenpolitik und deren Interessen im asiatischen Raum wurde.

Vor diesem Hintergrund war es quasi schick, in Buch, Comic und Film Bösewichter mit asiatischem Hintergrund einzuführen, wie etwa die Figur des nach der Weltherrschaft strebenden Dr. Fu Manchu aus den Büchern von Sax Rohmer, die auch schon bald die Vorlage für zahlreiche Verfilmungen lieferten. Ein anderer Lieblingsfeind der Amerikaner zu jener Zeit waren übrigens Sowjetrussen, die man nicht weniger fürchtete als ihre asiatischen Nachbarn, sah man doch durch beide die eigenen Lebenswerte und die individuelle Freiheit bedroht. Und so ist es nicht verwunderlich, dass auch der Autor der vorliegenden Erzählung davon ausgeht, dass der kommende Krieg von Sowjetrussland und China ausgehen würde. Allerdings werden die Russen von den Chinesen bzw. Mongolen – anscheinend sind für Nowlan beide identisch – verraten und dann selber überrannt. So fallen erst Asien und Europa und dann auch die Vereinigten Staaten von Amerika in die Hände der als technisch überlegen geschilderten Mongolen. Und das, obwohl die Amerikaner in den Augen des Autors die führende Nation auf den Gebieten der Wissenschaft und Kultur darstellen. Wie selbstverständlich arbeitet er dabei mit den Begriffen einer »weißen« und einer »gelben Rasse«, die damals durchaus üblich waren und auch durch die abendländische Wissenschaft gestützt wurde. So ging man davon aus, dass es eine »mongoloide«, eine »negroide« und eine »kaukasische Menschenrasse« gebe, von denen die letztere, durch die Evolution bedingt, die am höchsten entwickelte sei. Dass dem nicht so ist, begann sich im Denken der Menschen erst in den Jahren nach dem Zweiten Weltkrieg immer mehr durchzusetzen, ein Denkprozess, der allerdings bis heute nicht abgeschlossen ist. Und so fand der Begriff der menschlichen Unterteilung in verschiedene »Rassen« bis weit ins 20. Jahrhundert in den Unterhaltungsmedien immer noch Verwendung, ohne dass er irgendwie negativ belegt gewesen wäre.

Damit stellt sich zunehmend die Frage, wie geht man heute, in einer Zeit, in der viele dieser alten Ansichten als längst überholt erkannt wurden, damit um? Soll man Bücher mit Inhalten, die heute möglicherweise nicht mehr zeitgemäß erscheinen, ignorieren? Sollte man sie an die heutige Auffassung von Ethik und Moral anpassen? Oder ist es legitim, das kulturelle Erbe, das ein Buch wie *Armageddon 2419* enthält, so bestehen zu lassen wie es ist? Es gibt dazu keine einheitliche Regelung, und so werden, je nach Auffassung, alle drei Wege beschritten.

Auch für mich stellte sich die Frage, darf man eine Erzählung wie die vorliegende ins Deutsche übertragen, und wie geht man dann mit jenen Rassismen um, die der Text unzweifelhaft enthält?

Betrachtet man die Erzählung allein anhand ihrer Erfolgsgeschichte, dann wird man nicht umhin kommen, sie mit den Attributen eines Genreklassikers zu belegen. Nach zwei Prosatexten, der vorliegenden Erzählung *Armageddon 2419* und der direkten Fortsetzung *The Airlords of Han*, die beide recht erfolgreich waren und bis heute immer wieder verlegt und in verschiedene Sprachen übersetzt wurden, löste der Autor selbst die von ihm erschaffene Figur des Anthony Rogers aus ihrem ursprünglichen Zusammenhang und machte sie, nun unter dem Namen *Buck Rogers*, zum Helden einer äußerst erfolgreichen Comicserie, der sich schon bald nicht weniger erfolgreiche Radio-Specials und ein zwölfteiliges Film-Serial anschlossen. Der Erfolg dieser Comics und der darauffolgenden Verfilmung bahnte ähnlichen Produkten den Weg, wie etwa dem heute nicht weniger bekannten Helden *Flash Gordon*, der zum Erzfeind des galaktischen Herrschers Ming aufsteigt, der nicht von ungefähr einen chinesischen Namen und einen asiatisch geprägten Habitus zur Schau trägt[1].

Hierzulande dürfte die Figur des Buck Rogers vor allem durch die gleichnamige Fernsehserie von 1979–1981 mit Gil Gerard in der Titelrolle und Erin Gray als Wilma Deering bekannt geworden sein, deren Pilotfolge sogar als Kinofilm gezeigt wurde. Aus den mongolischen Eroberern von einst ist nun zwar ein außerirdisches Reich geworden, das Dracon-Imperium, doch schaut man sich die Draconier genauer an, so wird man feststellen, dass die meisten von ihnen eindeutig asiatisch aussehen.

In jüngerer Zeit folgten Computerspiele und neue Romane

[1] Wie weit der Schatten der Vergangenheit tatsächlich reicht, zeigt uns sogar noch Gene Roddenberrys Fernsehserie *Star Trek*, in der die feindlichen Klingonen (beispielsweise der von John Colicos gespielte Commander Kor) ursprünglich sehr asiatisch aussahen.

um den Titelhelden, die teilweise auch ins Deutsche übertragen wurden.

Dies alles spricht dafür, den deutschsprachigen Genrefreunden auch die Urgeschichte des Buck Rogers vorzustellen.

Wie verfährt man nun mit den angesprochenen Rassismen? Lässt man sie in einer Übersetzung weg, mildert man sie ab oder übernimmt man sie? Das ist eine Frage, die sich offenbar auch die amerikanischen Verleger gestellt haben, die bei späteren Veröffentlichungen die verwendeten Rassismen durch eine moderate Bearbeitung ein wenig abschwächten, aber nicht vollständig beseitigten. Wie aber verhält man sich als deutscher Verleger? Richtet man sich nach dem Original oder übernimmt man die sicherlich nicht autorisierten Änderungen? Nach langer Überlegung und Rücksprachen mit verschiedenen möglichen Lesern entschiedenen wir uns für eine Sondervariante. Im Haupttext verwenden wir die entschäften Formen von rassistischen Äußerungen, bieten aber in ergänzenden Fußnoten auch die unbearbeitete Variante an. Der Grund dafür ist, dass es hierzulande nicht mehr so viele Leser gibt, die sich für diese alten, zuerst in sogenannten Pulpmagazinen publizierten Unterhaltungsgeschichten interessieren. Aber diejenigen, die es tun, sind daran interessiert, dass man ihnen eine sowohl ungekürzte als auch – soweit dies überhaupt möglich ist – nahe am Original verbleibende Übersetzung anbietet. Auch ist davon auszugehen, dass deutschsprachige Leser alter amerikanischer Science-Fiction-Literatur heute über die nötige Reife verfügen, um im Text enthaltene Rassismen in ihrem zeitgeschichtlichen Erzählkontext als genretypische Formulierungen zu erkennen, die keinen negativen Einfluss auf ihre eigene Einstellung ausüben, sodass man es wohl wagen kann, ihnen in den Fußnoten eben auch jene unschönen Passagen anzubieten, die heutzutage mit Recht an der vorliegenden Erzählung kritisiert werden. Nichtsdestotrotz wollen wir an dieser Stelle betonen, dass die in der Erzählung enthaltenen und als solche auch gekennzeichneten rassistischen Äußerungen alleine die Meinung des Autors und der durch ihn erschaffenen Figuren darstellen und nicht die Meinung des Herausgebers, des Verlages und des Übersetzers widerspiegeln. Wir distanzieren uns ausdrücklich von jener Art von Gedankengut und hoffen, dass diese editorischen Vorbemerkungen ein wenig dabei helfen, zu erkennen, in welchem historischen Umfeld solche falschen Ansichten erblühen konnten, die wir in vielen amerikanischen und auch europäischen Publikationen jener Zeit mehr oder weniger versteckt wiederfinden können, und die bis heute, auch im deutschen Sprachraum, immer wieder verlegt werden. Denn trotz der angesprochenen Schwächen können Bücher wie das vorliegende *Armageddon 2419* mit einer durchaus spannenden und kurzweiligen Handlung punkten, auf die der Leser der heutigen Zeit das Hauptaugenmerk legen sollte.

Die Erzählung *Armageddon 2419* erschien 1928 in der Augustausgabe von *Amazing Stories*.

Wie damals nicht unüblich, hatte sie ein relativ offenes Ende, das den Lesern zum einen zwar einen befriedigenden Abschluss der erzählten Geschichte bot, gleichzeitig aber auch genügend Raum für eine oder mehrere Fortsetzungen ließ. Und so erschien dann bereits sieben Monate später, in der Märzausgabe der *Amazing Stories* von 1929, mit The *Airlords of Han* tatsächlich ein zweiter Teil der Erzählung. Dieser zweite Teil ist in der vorliegenden Publikation nicht enthalten. Sollte dieses Büchlein hier allerdings auf einiges Interesse stoßen, so ist es durchaus denkbar, dass wir die Fortsetzung nachliefern werden. Bis dahin wünschen wir den Lesern gute Unterhaltung mit jener Geschichte, in der der spätere Held zahlreicher Spaceopern, *Buck Rogers*, zum ersten Mal in Erscheinung tritt.

Der Herausgeber

Prolog

Meine persönlichen Erinnerungen an das 20. Jahrhundert habe ich bereits an anderer Stelle niedergeschrieben, welches Interesse auch immer an diesen Aufzeichnungen bestehen mag.

Nun fällt mir ein, dass meine Erinnerungen an das 25. Jahrhundert in 500 Jahren ein ebenso großes Interesse hervorrufen könnten, besonders in Anbetracht der einzigartigen Perspektive, aus der ich dieses Jahrhundert gesehen habe, als ich dort nach einem Zeitsprung von 492 Jahren eintraf.

Diese Aussage sollte ich näher erklären. Noch immer sind viele Leser nicht mit meinen außergewöhnlichen Erlebnissen vertraut. Fünf Jahrhunderte in der Zukunft könnten es wesentlich mehr sein, besonders wenn die Zivilisation dazu bestimmt ist, noch Schlimmeres zu erleben als die Katastrophen, die zwischen 1975 und der Gegenwart stattgefunden haben.

Ich sollte daher feststellen, dass ich, Anthony Rogers, der wohl einzige lebende Mensch bin, dessen normale Lebensdauer von bisher einundachtzig Jahren sich über einen Zeitraum von 573 Jahren erstreckt. Um genau zu sein, lebte ich die ersten neunundzwanzig Jahre meines Lebens von 1898 bis 1927, die anderen zweiundfünfzig Jahre seit 2419. Die fast fünfhundert Jahre zwischen diesen beiden Zeiträumen verbrachte ich in scheintotem Zustand, frei vom Wüten katabolischer[1] Prozesse und ohne erkennbaren Einfluss auf meine physischen oder geistigen Fähigkeiten.

Als ich meinen langen Schlaf begann, hatte der Mensch gerade erst angefangen, die Lüfte mit einer Serie transozeanischer

---

[1] Stoffwechselprozesse.

Flüge in Flugzeugen mit Verbrennungsmotoren zu erobern. Er hatte kaum begonnen, über die Nutzbarmachung subatomarer Kräfte zu spekulieren und war nicht weiter in den Bereich der ätherischen Schwingungen vorgestoßen, als es das primitive Radio und das Fernsehen seiner Zeit zuließen. Die Vereinigten Staaten von Amerika waren die mächtigste Nation der Welt; ihr politischer, finanzieller, industrieller und wissenschaftlicher Einfluss war enorm, und auch bei den Geisteswissenschaften war sie schnell in Führung gegangen.

Ich erwachte, um das Amerika, das ich kannte, als Wrack vorzufinden; um zu sehen, dass die Amerikaner zur gejagten Rasse in ihrem eigenen Land geworden waren und sich in den dichten Wäldern verstecken mussten, die auf den verfallenen Ruinen ihrer einst prächtigen Städte wuchsen. Ich erwachte, um sie in geheimen Zufluchtsorten um die Überreste ihrer Kultur und Wissenschaft kämpfen zu sehen – und um die unsterbliche Flamme ihrer Unabhängigkeit.

Die Weltherrschaft war in den Händen der Mongolen, und das Zentrum der Weltmacht lag mitten in China. Die Amerikaner waren eine der wenigen nicht unterworfenen Rassen der Menschheit, und um die Wahrheit zu sagen: In den Augen der Han-Airlords, die im Namen des Großmeisters über Nordamerika herrschten, waren sie die Mühe der Unterwerfung auch nicht wert.

Denn die Han benötigten weder die Wälder, in denen die Amerikaner lebten, noch die Ressourcen der von diesen Wäldern bedeckten weiten Gebiete. Dank der Perfektion, die sie bei der synthetischen Herstellung lebensnotwendiger Güter und Luxusartikel erreicht hatten, dank der bemerkenswerten Entwicklung ihrer wissenschaftlichen Prozesse und mechanischen Arbeitsmethoden hatten sie keinen wirtschaftlichen Bedarf an den Wäldern und kein Verlangen nach der Sklavenarbeit einer widerspenstigen Rasse.

Alles, was sie für das prächtige, luxuriöse und entartete System ihrer Zivilisation benötigten, befand sich innerhalb der himmelwärts aufstrebenden Mauern der fünfzehn Städte aus funkelndem Glas, die sie auf die Ruinen uralter amerikanischer Großstädte gesetzt hatten, in den Eingeweiden der Erde darunter und in den relativ kleinen Gebieten der umliegenden Landwirtschaft.

Die vollständige Herrschaft über die Lüfte machte die Kommunikation zwischen diesen Zentren zu einer Angelegenheit der Bequemlichkeit und der Sicherheit. Gelegentliche zerstörerische Angriffe auf das Ödland waren alles, was man für nötig hielt, um die »wilden« Amerikaner in den Schutz ihrer Wälder zu treiben und zu verhindern, dass sie zu einer Gefahr für die Han-Zivilisation wurden.

Doch fast dreihundert Jahre leicht aufrechterhaltener Sicherheit, von denen die letzten hundert Jahre keinerlei wissenschaftlichen, sozialen und ökonomischen Fortschritt zeigten, hatten die Han verweichlicht und entkräftet.

Zur gleichen Zeit war unter dem schützenden Blätterdach der Wälder eine neue amerikanische Zivilisation entstanden. Sie war bemerkenswert, wenn es um die Wendigkeit und Anpassungsfähigkeit ihrer Organisation ging, um die Beseitigung beinahe unüberwindlicher Hindernisse und um die Entwicklung und den Schutz ihrer industriellen und wissenschaftlichen Ressourcen – all dies in Erwartung jenes »Tages der Hoffnung«, auf den sie seit Generationen wartete, wenn sie stark genug sein würde, aus dem grünen Kokon der Wälder auszubrechen, sich in die oberen Luftschichten zu erheben und die Han zu zerstören[1].

[1] In der Erstfassung der Erzählung steht an dieser Stelle: *»... sich in die oberen Luftschichten zu erheben und den gelben Alptraum zu zerstören.«* Im Sinne der Politischen Korrektheit sind vom Autor benutzte Formulierungen wie *»gelber Albtraum«* oder *»gelbe Pest«* sicherlich schon recht grenzwertig. Durch den in diesem Zusammenhang verwendeten Zusatz »gelb« können sie als eindeutig rassistisch eingestuft werden. Durch derartige Formulierungen räumt der Autor nur der sogenannten »weißen Rasse« ein Recht zum Überleben ein und stuft alle anderen vermeintlichen »Rassen« als eine Art Krankheit herab. Solche eindeutig falschen Aussagen, von denen sich der Verlag, der Herausgeber und der Übersetzer distanzieren, waren zum Zeitpunkt der Textentstehung weit verbreitet, werden aber heute zurecht beanstandet und sollten nicht unkommentiert wiedergeben werden. Um trotzdem einen möglichst originalgetreuen Text präsentieren zu können, hat sich der Herausgeber entschlossen,

Als ich erwachte, war der »Tag der Hoffnung« fast gekommen. Ich werde nicht versuchen, eine detaillierte Geschichte des Zweiten Unabhängigkeitskrieges niederzuschreiben, denn dies haben bessere Historiker als ich es bin bereits getan. Stattdessen werde ich mich größtenteils auf die Rolle beschränken, die ich in diesem Kampf spielen durfte, sowie auf die Ereignisse, die dahin führten.

Alles begann mit meinem Interesse an radioaktiven Gasen. Während der zweiten Hälfte des Jahres 1927 hatte mich meine Firma, die American Radioactive Gas Corporation, mit der Untersuchung ungewöhnlicher Phänomene auf Trab gehalten, die man in verschiedenen stillgelegten Kohleminen nahe des Wyomingtales in Pennsylvania beobachtet hatte.

Mit zwei Assistenten und einer kompletten Ausrüstung wissenschaftlicher Instrumente begann ich mit der Erforschung eines verlassenen Bergwerks, wo vor mehreren Wochen einige Ingenieure Spuren von Carnotit[1] und, wie sie glaubten, radioaktiven Gasen gemeldet hatten. Von Anfang an war klar, dass ihr Bericht nicht unbegründet war, denn bei der Untersuchung der oberen Schichten der Mine zeigten unsere Instrumente eine heftige Radioaktivität an.

Am Morgen des 15. Dezember erreichten wir eine der untersten Ebenen. Zu unserer Überraschung fanden wir hier kein Wasser. Offensichtlich war es durch einen Riss in den Gesteinsschichten abgeflossen. Außerdem bemerkten wir die durch Radioaktivität hervorgerufene Nachgiebigkeit des Gesteins an den Schachtwänden und die zerbröckelnden Felsstücke unter unseren Füßen. Wir stiegen vorsichtig den Schacht hinab, als die verrotteten Balken über uns plötzlich nachgaben.

Ich sprang vorwärts und entkam nur knapp der Lawine aus Kohle und porösem Gestein, doch meine Gefährten, die nur

zwar jene Änderungen einzuarbeiten, die teilweise in aktuellen Veröffentlichungen der Erzählung zu finden sind, die ins Deutsche übertragenen Originalpassagen allerdings in den Fußnoten wiederzugeben. Vgl. auch die Erläuterungen in den Editorischen Vorbemerkungen.

[1] Ein Hydrovanadat von Uran und anderen Metallen; genutzt als Quelle von Radiumverbindungen *(Anm. d. Autors)*

wenige Schritte hinter mir gingen, wurden darunter begraben und fanden zweifellos sofort den Tod.

Ich war verschüttet; die Rückkehr war unmöglich. Mit meiner Taschenlampe erforschte ich den Schacht bis zu seinem Ende, fand jedoch keinen anderen Ausgang. Die Luft ließ sich immer schwerer atmen, was wahrscheinlich an der rasch zunehmenden Konzentration radioaktiver Gase lag. Nach kurzer Zeit schwanden mir die Sinne und ich verlor das Bewusstsein.

Als ich erwachte, spürte ich im Schacht einen kühlen und erfrischenden Luftzug. Ich nahm nicht an, dass ich mehr als ein paar Stunden bewusstlos gewesen war, doch wie es scheint, hatte das radioaktive Gas etwa 500 Jahre lang meine aktiven Körperfunktionen unterdrückt. Ich erwachte, das fand ich später heraus, durch eine Verschiebung der Gesteinsschichten, die den Schacht erneut öffnete und die Atmosphäre in der Mine reinigte. Dies muss der Fall gewesen sein, denn ich war in der Lage, mich durch den Schacht und über einen Geröllhaufen zurück zu kämpfen, die lange Steigung bis zur Mündung der Grube hinauf zu wanken, wo mein Blick auf eine ganz andere Welt traf, überwuchert von einem riesigen Wald und ohne sichtbare Zeichen menschlicher Behausungen.

Ich werde die Tage der psychischen Qualen übergehen, die auf meinen Versuch folgten, die Bedeutung dieser Vorgänge zu verstehen. Es gab Augenblicke, da fühlte ich mich am Rande des Wahnsinns. Ich durchstreifte die fremdartigen Wälder wie eine verlorene Seele. Hätte ich mir keine Fallen und plumpen Keulen improvisieren müssen, um mein Essen zu fangen, ich glaube, ich wäre verrückt geworden.

Es genügt zu sagen, dass ich diese psychische Krise überlebte. Ich beginne meine Geschichte ordnungsgemäß mit meinem ersten Kontakt mit den Amerikanern des Jahres 2419.

Kapitel I
Schwebende Menschen

Die ersten menschlichen Wesen des 25. Jahrhunderts sah ich in einem Teil des Waldlandes, wo die Bäume weit verstreut vor einem dichten Gehölz standen.

Ich war ziel- und hoffnungslos dahingewandert und sann über mein seltsames Schicksal nach, als ich eine Gestalt bemerkte, die sich vorsichtig aus dem dichten Wald hinter der Lichtung zurückzog. Schon wollte ich einen Freudenruf ausstoßen, aber es war etwas Verstohlenes an der Gestalt, das mich zurückhielt. Die Aufmerksamkeit des Jungen (denn es schien mir ein Bursche von fünfzehn oder sechzehn Jahren zu sein) war gespannt auf den tiefen Forst gerichtet, aus dem er gerade aufgetaucht war.

Er war in ein ziemlich enges grünes Gewand gekleidet und trug eine helmartige Kappe von der gleichen Farbe. Hoch um seine Taille trug er einen breiten, dicken Gurt, der auf seinem Rücken hinter den Schultern in so etwas wie einen Tornister überging.

Als ich diese Einzelheiten wahrnahm, gab es auf der linken Seite, nicht weit von ihm entfernt, einen plötzlichen Lichtblitz und eine schwere Detonation, fast wie von einer Handgranate. Er warf einen Arm hoch und taumelte auf seltsame, gleitende Weise; dann erholte er sich wieder und schlüpfte leicht gebückt vom Ort der Explosion fort, den Blick noch immer auf den dichteren Teil des Waldes gerichtet. Alle paar Schritte hob er seinen Arm und zeigte mit etwas, das er in der Hand hielt, in den Wald. Überall dort, wo er hinzeigte, gab es zwischen den Bäumen eine fürchterliche Detonation. Ich erkannte, dass er mit einer Art von Pistole schoss, auch wenn die Mündung der Waffe weder Blitz noch Explosion erkennen ließ.

Nachdem er mehrere Male gefeuert hatte, schien er zu einer plötzlichen Entscheidung zu kommen, drehte sich in meine Richtung und sprang – oder segelte vielmehr – zu meinem Erstaunen zwischen den Baumstämmen hindurch. Solch einen Sprung hatte ich noch nie zuvor in meinem Leben gesehen, und er muss ihn volle fünfzig Fuß weit getragen haben, auch wenn er dabei nicht mehr als zehn oder zwölf Fuß vom Boden entfernt war.

Als er niederging, verfing sich sein Fuß in einer vorstehenden Wurzel, und er streckte sich sanft nach vorn. Ich sage »sanft«, denn er stürzte nicht wie von mir erwartet zu Boden. Das einzige, womit ich es vergleichen kann, ist eine Zeitlupenaufnahme – obwohl ich niemals eine gesehen habe, die horizontale Bewegungen in normaler Geschwindigkeit aufzeichnet und nur die vertikalen Bewegungen verlangsamt zeigt.

Ich nehme an, dass mein Gehirn aufgrund der Überraschung nicht mit normaler Geschwindigkeit funktionierte, denn ich betrachtete die ausgestreckte Gestalt mehrere Sekunden lang, bevor ich das Blut sah, das unter der engen grünen Kappe hervorsickerte. Als meine Tatkraft zurückkehrte, zog ich ihn hinter einen großen Baum außer Sicht. Ein paar Minuten war ich mit dem Versuch beschäftigt, den Blutstrom zu stillen. Die Wunde war nicht tief. Mein Begleiter war eher betäubt als verletzt. Doch was war mit den Verfolgern?

Ich nahm die Waffe aus seiner Hand und untersuchte sie hastig. Sie war den automatischen Pistolen, an die ich gewohnt war, nicht unähnlich, außer dass sie anscheinend mit einer Taste anstelle eines Abzugs feuerte. So schnell wie möglich füllte ich ihre Magazinkammern aus dem Gürtel meines Begleiters nach, denn bald hörte ich ganz in der Nähe die gedämpfte Unterhaltung seiner Verfolger.

Es folgte eine Reihe von Explosionen um uns herum, doch nicht allzu nah. Offenbar hatten sie unser Versteck nicht entdeckt und feuerten aufs Geratewohl.

Ich wartete gespannt und balancierte die Waffe in meiner Hand, um mich an ihr Gewicht zu gewöhnen.

Dann sah ich im grünen Laubwerk eines nahen Baumes eine Bewegung, und der Kopf und das Gesicht eines Mannes tauchten auf. Wie mein Gefährte war er ganz in grün gekleidet, sodass man ihn kaum erkennen konnte. Doch sein Gesicht war deutlich zu sehen. Es war ein böses, ein mordgieriges Gesicht.

Das gab den Ausschlag. Ich hob die Pistole und feuerte. Ein schlechter Schuss, denn der Waffe fehlte der von mir erwartete Rückstoß, und so traf ich den Baumstamm mehrere Fuß unter dem Verfolger. Es blies ihn wie ein zerknittertes Stück Papier von seinem Ast und er *schwebte* wie ein schlaffes, totes Etwas zu Boden, sanft wie von einer unsichtbaren Hand heruntergelassen. Der Baum, dessen Stamm die Explosion zerrissen hatte, stürzte um.

Es folgte eine weitere Serie von Explosionen um uns herum. Die Waffen, die wir benutzten, machten beim Abfeuern kein Geräusch, und meine Gegner waren augenscheinlich in der gleichen verwundbaren Position wie ich selbst. Also machte ich keinen Versuch, ihr Feuer zu erwidern und begnügte mich damit, scharf in ihre Richtung Ausschau zu halten. Und die Geduld wurde belohnt.

Sehr bald sah ich eine vorsichtige Bewegung im Wipfel eines anderen Baums. Indem ich mich selbst so wenig wie möglich zeigte, zielte ich sorgfältig auf den Baumstamm und feuerte erneut. Der Explosion folgte ein Schrei. Ich hörte den Baum zu Boden fallen, dann erklang ein Stöhnen.

Für eine Weile war es still. Dann hörte ich das schwache Geräusch raschelnder Äste. Ich schoss dreimal in diese Richtung und drückte den Knopf dabei so schnell ich konnte. Wo meine Geschosse explodiert waren, stürzten Zweige herab, doch keine Körper.

Dann sah ich einen von ihnen. Er begann gerade mit einem seiner erstaunlichen, etwa vierzig Fuß langen Sprünge, von einem Baum zum anderen.

Impulsiv riss ich meine Pistole hoch und feuerte. Inzwischen hatte ich das richtige Gefühl für die Waffe und auch ein gutes Ziel. Ich traf ihn. Die »Kugel« musste seinen Körper durchdrungen haben und dann detoniert sein. Einen Augenblick lang sah ich ihn durch die Luft fliegen. Dann die Explosion, und er war verschwunden. Seinen Sprung beendete er nie. Es war die pure Vernichtung.

Wie viele es noch von ihnen gab, weiß ich nicht. Aber das musste zu viel für sie gewesen sein. Sie feuerten noch eine letzte harmlose Salve auf uns ab, und kurz darauf hörte ich, wie sie sich raschelnd und krachend durch die Wipfel entfernten. Nicht einer von ihnen stieg zur Erde herab.

Nun hatte ich Zeit, mich meinem Begleiter zu widmen. *Sie* war, wie ich feststellte, ein Mädchen und kein Junge. Trotz ihrer sperrigen Erscheinung, woran der spezielle Gürtel schuld war, der unter ihren Armen um den Körper geschnallt war, war sie sehr schlank und recht hübsch.

Nicht weit entfernt gab es einen Fluss, aus dem ich Wasser holte, um ihr Gesicht und ihre Wunde zu reinigen.

Offenbar lag das Geheimnis der langen Sprünge, der affenartigen Fähigkeit, von Ast zu Ast zu springen und der sanft zu Boden schwebenden Körper in diesem Gurt. Das Ding war wohl eine Art von Antischwerkraftgürtel, der das Gewicht seines Trägers beinahe ausglich und dadurch die Antriebskraft der Beinmuskeln und die Auftriebskraft der Arme gewaltig multiplizierte.

Als die Kleine zu sich kam, betrachtete sie mich ebenso neugierig wie ich sie; sofort begann sie, mich auszufragen. Ihr Akzent und ihr Tonfall verwirrten mich sehr, trotzdem waren wir, von einigen bestimmten Wörtern und Phrasen abgesehen, in der Lage, uns ganz gut zu verstehen. Ich erklärte, was während ihrer Bewusstlosigkeit geschehen war, und sie dankte mir, dass ich ihr Leben gerettet hatte.

»Du bist ein seltsamer Tausch«, sagte sie und musterte mich fragend. Offenbar fand sie meine Kleidung, im Gegensatz zu ihrem eigenen ordentlich-eleganten Gewand, recht komisch. »Verstehst du nicht, was ich mit ‚Tausch' meine? Ich meine – ah, warte mal – einen Fremden, einen Gast, jemanden aus einer anderen Gang. Zu welcher Gang gehörst du?« (Sie sprach es »Gan« aus, mit leicht nasalem Klang.)

Ich lachte. »Ich bin kein Gangster«, sagte ich. Doch offenbar verstand sie das Wort nicht. »Ich war noch niemals in irgendeiner Gang«, erklärte ich. »Gehört denn heutzutage jeder zu einer Gruppe?«

»Natürlich«, sagte sie stirnrunzelnd. »Wo und wie lebst du denn, wenn du zu keiner Gruppe gehörst? Warum hast du keine Gruppe gefunden und dich ihr angeschlossen? Wie isst du? Woher bekommst du deine Kleidung?«

»Seit zwei Wochen esse ich nur, was ich in der Wildnis finde«, erklärte ich. »Und diese Kleider … nun, ich …« Ich brach ab und fragte mich, wie ich ihr erklären sollte, dass sie vermutlich mehrere hundert Jahre alt waren.

Schließlich begriff ich, dass ich meine Geschichte so gut wie möglich erzählen musste und auch meine Vermutungen nicht auslassen durfte. Sie hörte mir geduldig zu, anfangs noch skeptisch, doch dann immer zutraulicher. Als ich fertig war, blieb sie eine lange Zeit nachdenklich sitzen.

»Das ist zwar kaum zu glauben«, sagte sie, »aber ich glaube es.« Sie sah mich mit ehrlichem Interesse an.

»Warst du verheiratet, als du in dieser Mine bewusstlos wurdest?«, fragte sie mich unversehens. Ich versicherte ihr, dass ich nie geheiratet hatte. »Nun, das vereinfacht die Dinge«, fuhr sie fort. »Verstehst du, wenn du technisch als Familienvater eingestuft wärst, könnte ich dich nur als geladenen Gast mit mir nehmen, und ich, unverheiratet und nicht mit dir verwandt, könnte die Einladung nicht aussprechen.«

Kapitel II
Die Waldgruppen

Sie gab mir einen kurzen Überblick über das eigenartige soziale und wirtschaftliche System, in dem ihr Volk lebte. Zumindest erschien es mir aus dem Blickwinkel des 20. Jahrhunderts sehr eigenartig.

Erstaunt hörte ich, dass genau 492 Jahre an mir vorübergezogen waren, während ich bewusstlos in der Mine lag.

Wilma, denn das war ihr Name, gab nicht vor, eine Historikerin zu sein, und so konnte sie mir nur skizzenhaft von den Kriegen, die man gefochten hatte, und der Art und Weise, wie solch radikale Veränderungen zustande gekommen waren, erzählen. Es schien, als wäre dem Ersten Weltkrieg ein zweiter Krieg gefolgt, bei dem sich fast alle europäischen Nationen zusammengetan hatten, um die finanzielle und industrielle Macht Amerikas zu brechen. Sie erreichten ihr Ziel, auch wenn sie dabei geschlagen wurden. Ihr Sieg war nur eine leere Hülle, und sie ließen Amerika und sich selbst keuchend, blutend und desorganisiert zurück.

In diesem Augenblick hatten die Sowjetrussen in Koalition mit den Chinesen die Gelegenheit ergriffen, über ganz Europa hinwegzufegen und es ins Chaos zu stürzen.

Amerika, industriell auf die Weltproduktion und den Welthandel ausgerichtet, brach wirtschaftlich zusammen, und es folgte eine lange Periode der Stagnation und der verzweifelten Versuche, die Wirtschaft wieder aufzubauen. Doch es war unmöglich, den Krieg mit den Mongolen abzuwehren, die inzwischen die Russen unterworfen hatten und die Weltherrschaft anstrebten.

Im Jahre 2109 wurde der Konflikt schließlich ausgelöst. Die Mongolen rauschten mit überwältigend großen Luftschiffflotten und einer Wissenschaft, die das lahme Amerika weit hinter sich ließ, über Kanada und die Pazifik- und Atlantikküste herein und vernichteten die Flotten, Armeen und Städte Amerikas mit ihren fürchterlichen Desintegrationsstrahlen. Diese Strahlen wurden von einer Maschine projiziert, die wie ein Suchscheinwerfer aussah, deren Reflektor jedoch nicht auf Basis von Materie, sondern durch eine komplizierte Balance wechselwirkender elektronischer Kräfte funktionierte. Die Folge war ein schrecklicher, zerstörerischer Strahl. Unter seinem Einfluss verschwand Materie im »Nichts«, oder wurde vielmehr in elektronische Schwingungen aufgelöst. Er zerstörte alle bis dahin bekannten Substanzen, von der Luft bis hin zu den dichtesten Metallen und Gesteinsarten.

Sie ließen sich nieder und gründeten das, was als Han-Dynastie in Amerika bekannt wurde, eine Art von Provinz ihres Weltreichs.

Dies waren schreckliche Tage für die Amerikaner. Sie wurden wie wilde Tiere gejagt. Es überlebte nur, wer schließlich Zuflucht in den Bergen, in Tälern und Wäldern fand. Die Regierung brach zusammen. Mehrere Generationen lang herrschte Anarchie. Die meisten hätten sich den Han gern ergeben, selbst wenn es Sklaverei bedeutet hätte. Doch die Han wollten sie nicht, denn sie besaßen bereits ihre wunderbaren Maschinen und wissenschaftlichen Prozesse, durch die sie die schwere Arbeit verrichten ließen.

Letztendlich gaben sie die Jagd und die Vernichtung der inzwischen weit verstreut lebenden Gruppen wilder Amerikaner auf. Solange sie sich in ihren Wäldern versteckt hielten und sich nicht in die Nähe der Han-Städte wagten, wurde ihnen wenig Aufmerksamkeit geschenkt.

Dann begann der Aufbau der neuen amerikanischen Zivilisation. Familien und Einzelpersonen versammelten sich in Stämmen oder »Gangs« zum gegenseitigen Schutz. Fast ein Jahrhundert lang führten sie ein nomadisches und primitives Leben, zogen von Ort zu Ort, immer in der verzweifelten Furcht vor gelegentlichen Han-Luftangriffen und dem schrecklichen Desintegrationsstrahl. Als die Häufigkeit dieser Angriffe zunahm, begannen sie, sich dauerhaft an bestimmten Orten zu organisieren, ähnlich den Militärhaushalten der normannischen Feudalherren, nur dass man sich nicht in Burgen versammelte, sondern dass ihre Verteidigungstaktik eine gewisse Streuung der Wohnquartiere für Familien und Einzelpersonen erforderlich machte. Sie lebten praktisch im Freien, in den Wäldern, in grünen Zelten, und griffen dabei auf Täuschungsmanöver zurück, um sich vor Beobachtern aus der Luft zu schützen. Sie gruben unterirdische Fabriken und Laboratorien, sodass sie besser vor den elektrischen Detektoren der Han abgeschirmt waren. Sie zapften die Funkverbindungen der Han an, zuerst mit plumpen Instrumenten, später dann mit besseren. Sie unternahmen jede Anstrengung, um die Wissenschaften wieder zu beleben. Viele Generationen lang mühten sie sich als heimliche, unerkannte Schüler der Han ab, die das Wissen stückweise, so schnell sie konnten, aufnahmen.

In der ersten Hälfte dieses Zeitraums gab es viele tödliche Kriege zwischen den verschiedenen Gruppen und gelegentliche mutige, aber kindisch-nutzlose Angriffe auf die Han, gefolgt von schrecklichen Vergeltungsschlägen.

Doch als der Wissensstand Fortschritte machte, kehrte auch das Gefühl für die amerikanische Bruderschaft zurück. In immer größeren Gebieten wurden gegenseitige Vereinbarungen getroffen. Der Handel zwischen den Gruppen erreichte einen beträchtlichen Umfang. Doch als das Geschick in der Handhabung synthetischer Prozesse wuchs, wurde der Austausch des Wissens bedeutender als der Handel mit Waren.

Innerhalb der Gruppe entwickelte sich eine Ökonomie, die ein Kompromiss zwischen individueller Freiheit und militärischem Sozialismus war. Das Recht auf Privateigentum war praktisch auf persönliche Gegenstände beschränkt, doch private Privilegien gab es viele, und sie wurden als heilig betrachtet. Der Anreiz für den Erfolg lag vor allem im Gewinn von Vorrechten und verschiedener Arten von Führerschaft, und nur in sehr beschränktem Maß in der Hoffnung auf irgendetwas, das als »Reichtum« oder gar als »Kapital« bezeichnet werden konnte. Alle militärischen Ressourcen gehörten als Angelegenheit von öffentlichem Interesse der Gemeinschaft als Ganzes.

Mehrere Generationen lang hatten die Han eine verschwenderische Wirtschaft entwickelt, und mit ihr das vergoldete Laster und den Verfall. Die Amerikaner betrachtete man als »die wilden Waldmenschen«. Und da die Han weder die Wälder noch die Waldmenschen brauchten oder wollten, behandelten sie sie wie Tiere und waren sich keiner menschlichen Verwandschaft mit ihnen bewusst. Im Laufe der Zeit, und während die synthetische Güter- und Nahrungsmittelproduktion weiterentwickelt wurde, benötigten die Han immer weniger Boden für die Landwirtschaft. Schließlich gab man sogar die Ausbeutung der Minen auf, da es billiger wurde, Metalle durch elektronische Schwingungen zu erzeugen, als sie aus dem Boden auszugraben.

Die Han, entkräftet durch Laster und Luxus, durch Maschinen und wissenschaftliche Prozesse, die ihnen jeden Wunsch erfüllten und alle Arbeit abnahmen, begannen eine defensive Haltung gegen die Amerikaner einzunehmen.

Und natürlich betrachteten die Amerikaner die Han mit einem tiefen, grimmigen Hass. Im Bewusstsein ihrer individuellen Überlegenheit, wissend, dass sie den Han einst in Wissenschaft und Kultur weit überlegen waren, sehnten sie sich verzweifelt nach dem Tag, da sie stark genug sein würden, sich zu erheben und den gelben Pesthauch[1] vom Kontinent zu vertreiben.

Zum Zeitpunkt meines Erwachens waren die Gruppen eher locker organisiert, dennoch dachten sie daran, eine spezielle militärische Einheit aufzubauen, deren Aufgabe es sein sollte, die Han zu bedrängen und ihre Luftschiffe so oft wie möglich abzuschießen, ohne die mongolische Zentralmacht herauszufordern. Am Tag der Vergeltung sollte diese Einheit der Kern der nationalen Streitkräfte sein. Dazu war es jedoch zehn Jahre lang nicht gekommen, aber das ist eine andere Geschichte.

Wilma erzählte mir, dass sie ein Mitglied der Wyominggruppe war, die unter der Führung von Chef Hart das gesamte Tal von Wyoming für sich beanspruchte. Ihre Mutter und ihr Vater waren tot und sie war unverheiratet, sodass sie kein »Familienmitglied« war. Sie lebte mit sieben anderen Mädchen und einer Führerin in einer kleinen Zeltgruppe namens Lager 17.

[1] Diese eindeutig rassistisch zu wertenden Passage wurde auch in späteren Veröffentlichungen nicht abgeschwächt. Teilweise gibt es Veröffentlichungen, deren Aussage fast noch drastischer wirken. Vgl. auch die Anmerkung auf Seite 17 f.

Ihre Pflichten wechselten zwischen militärischer und polizeilicher Aufklärung und Fabrikarbeit. In der zweiwöchigen Periode, die am nächsten Tag enden sollte, war sie auf »Luftpatrouille« gewesen. Das bedeutete nicht, dass sie fliegen musste, wie ich zuerst geglaubt hatte, sondern vielmehr, dass sie in diesem abgelegenen Teil Wyomings nach Han-Schiffen Ausschau hielt und die meiste Zeit in den Baumwipfeln verbrachte und den Himmel absuchte. Ihr Befehl lautete, bei Sichtkontakt eine »Sturzfackel« abzufeuern. Die Signale entzündeten sich erst beim Herabfallen, sodass die Richtung oder der Ort, von wo man sie abgeschossen hatte, vom Luftschiff aus nicht erraten werden und keinen explosiven Desintegrationsstrahl in ihre Nähe bringen konnte. Andere Mitglieder der Luftpatrouille sollten daraufhin Raketen losschicken, bis schließlich ein Aufklärer mit einem Ultrophon (das im Gegensatz zu alten Funkgeräten mit ultronisch-ätherischen Schwingungen arbeitete) die Warnung gleichzeitig an die Hauptquartiere der Wyominggruppe und an andere Gemeinschaften im Umkreis mehrerer hundert Meilen weitergeben konnte. Ganz zu schweigen von den wenigen amerikanischen Raketenschiffen, die vielleicht gerade in der Nähe waren und die sofort in Deckung zu gehen hatten, entweder in Waldlichtungen oder im grünen Flachland, wo sie durch ihre Färbung vor Entdeckung sicher waren. Die beliebteste amerikanische Antriebsart war als »Raketenantrieb« bekannt. Diesen Antrieb könnte ich mit meinem Verständnis des 20. Jahrhunderts als extrem kraftvolle, automatisch durch Stimulation chemischer Prozesse erzeugte Gasexplosion beschreiben. Wissenschaftler von heute betrachten dies als eine ganz einfache und daher höchst wirtschaftliche und effiziente Reaktion.

Morgen, erklärte sie, würde sie zur Arbeit in die Stofffabrik zurückkehren, wo sie sich um einen der synthetischen Prozesse kümmerte, mit denen diese wunderbaren Ersatzstoffe für Gewebe aus Wolle, Baumwolle und Seide erzeugt wurden. Nach zwei weiteren Wochen würde sie wieder in den Militärdienst wechseln, wo man sie vielleicht mit den gleichen Aufgaben betraute, vielleicht aber auch als »Kontaktwache« an die Grenze zwischen den Gebieten der Wyomings, der Delawaren, der »Susquannas« (Susquehannas) oder einer der halben Dutzend anderen »Gangs« in diesem Teil des Landes schickte, den ich als Pennsylvania und den Staat New York kannte.

Wilma löste für mich das Rätsel um diese fliegenden Sprünge, die sie und ihre Angreifer gemacht hatten, und erklärte auf folgende Weise, wie der Inertron-Gürtel[1] das Gewicht ausglich:

»Springer« wurden in der Zeit meines »Erwachens« häufig verwendet, obwohl sie teuer waren, denn zu dieser Zeit wurde das Inertron noch nicht in großer Menge hergestellt. In den Wäldern waren sie sehr nützlich. Es handelte sich um Gurte, die hoch unter den Armen festgeschnallt wurden, und die eine auf das gewünschte Gewicht des Trägers eingestellte Menge Inertron enthielten. Infolgedessen konnte man sein Gewicht beliebig reduzieren, bis auf zwei Pfund, wenn man wollte.

»Schweber« sind eine spätere Entwicklung der »Springer« – in Inertronblöcken eingeschlossene und auf den Rücken geschnallte Raketenmotoren, die den Träger schweben und langsam niedergleiten lassen. Mit laufendem Motor bewegt er sich wie ein Taucher; mit dem Kopf voran steuert er seine Richtung durch Drehung des Körpers, sowie durch Bewegungen der ausgestreckten Arme und Hände. Vorn am Gurt angebrachte Ballastgewichte steuern das Gewicht und den Auftrieb. Manche Leute bevorzugen beim Schweben ein paar Unzen Gewicht und benutzen einen leichten Motorschub, um dieses zu überwinden. Andere bevorzugen einen Auftriebsausgleich von ein paar Unzen. Die unbeabsichtigte Gewichtsabnahme ist kein ernstes Problem. Der Motorschub kann immer zum Herabgleiten benutzt werden, doch als Vorsichtsmaßnahme, falls der Motor aus irgendeinem Grund ausfallen sollte, befinden sich an jedem Gürtel eine Anzahl abtrennbarer Teile, die abgeworfen werden können, um den Gewichtsverlust auszugleichen.

[1] Fiktive metallisch-chemische Substanz, die Nowlan in diesem Buch erfunden hat, und die seitdem regelmäßig im DC-Comicuniversum auftaucht.

»Aber wer waren deine Angreifer«, fragte ich, »und warum hat man dich überfallen?«

Ihre Angreifer, sagte sie, waren Mitglieder einer gesetzlosen Gruppe namens »Bad Bloods[1]«, einer Gruppe, die seit mehreren Generationen unter der Herrschaft gewissenloser Führer stand, die ihre Stammesinteressen durch Taktiken zu erweitern suchten, die von ihren Nachbarn als unfair betrachtet und daher praktisch boykottiert wurden. Es war ihr Ziel gewesen, Wilma nahe der Delawaregrenze umzubringen, damit es so aussah, als wäre das Verbrechen von Delawarekundschaftern verübt worden, um damit die Delawaren und Wyomings in Vergeltungskämpfe zu verwickeln oder zumindest Argwohn zu säen.

Glücklicherweise war es ihnen nicht gelungen, sie zu überraschen, und sie hatte es geschafft, ihnen für etwa zwei Stunden auszuweichen, bevor die Schießerei begann und ich auf der Bildfläche erschien.

»Aber wir dürfen nicht länger hier bleiben und reden«, schloss Wilma. »Ich muss dich mit mir nehmen, und außerdem muss ich den Angriff gleich melden. Ich denke, wir schleichen uns besser auf die andere Seite des Berges. Wer auch immer dort auf dem Posten steht, wird ein Ultrophon haben, und ich kann einen direkten Bericht abliefern. Aber du musst einen Gurt bekommen. Meiner allein wird unser kombiniertes Gewicht nicht tragen können, und durch einen schweren Sprung ist kaum etwas gewonnen. Das ist fast genauso schlecht wie Laufen.«

Nach kurzer Suche fanden wir einen der von mir getöteten Männer; er war in einiger Entfernung zwischen den Bäumen hinabgesunken, und sein Gurt war nicht sehr stark beschädigt. Als ich das Gerät von seinem Körper löste, schoss es in die Luft und wäre mir fast aus der Hand geglitten. Wilma fing es jedoch auf und rettete es, obwohl es den Auftrieb ihres eigenen Gürtels verstärkte, sodass sie die Knie unter einen Ast haken musste, um sich zu halten. Ich stieg auf den Baum, und mit unserem gemeinsamen Gewicht schwebten wir ruhig zur Erde nieder.

---

[1] Schlechtes oder böses Blut.

Kapitel III
Leben im 25. Jahrhundert

Wir mussten unseren Aufbruch noch eine Weile verschieben, denn zuerst wollte ich eine grobe Vorstellung davon bekommen, wie man diese Gürtel benutzte. Ich hatte mich zum Beispiel bequem hingesetzt und dabei den Gurt umgeschnallt. Wenn ich dann mit natürlicher Muskelanspannung aufstand, schoss ich, wild mit Armen und Beinen rudernd, zehn Fuß hoch in die Luft, was Wilma mächtig amüsierte.

Doch nach etwas Übung verstand ich es, den benötigten Muskelaufwand für eine minimale vertikale und maximale horizontale Bewegung korrekt abzuschätzen. Das richtige Maß, fand ich, war etwa mit dem Eislaufen vergleichbar. Außerdem fand ich heraus, dass bei der Waldarbeit vor allem die Arme und Hände benutzt werden konnten, um mit großem Raumgewinn von Ast zu Ast zu schwingen und die Sprünge dabei manchmal fast unbegrenzt zu verlängern.

Beim Aufstieg am Berghang sah ich, dass meine Muskeln des 20. Jahrhunderts trotz des Mangels an Übung einen großen Vorteil hatten, und da der Hang sehr steil war und die meisten Sprünge nach oben gingen, hätte ich Wilma leicht abhängen können. Doch als wir den Bergrücken überquert hatten und es wieder abwärts ging, übertraf sie mich mit ihrer überlegenen Technik. Sie wählte die steilsten Hänge, kauerte sich in die Baumwipfel, ließ sich wie ein Taucher nach außen treiben, bis sie den horizontalen Schwung verlor, sich in eine eher aufrechte Position brachte und nach unten schwebte. Auf diese Weise legte sie manchmal mehr als eine Viertelmeile mit einem einzigen Sprung zurück, während ich ungeschickt hinterher hüpfte und die neue Empfindung gründlich genoss.

Halb den Berg herab sahen wir eine weitere grün gekleidete Gestalt aus den Baumwipfeln auf uns zuspringen. Wir drei hockten uns auf einen Felsvorsprung, von wo man viele Meilen weit in die Ferne blicken konnte, während Wilma der anderen

Wache hastig ihr Abenteuer und meine Anwesenheit erklärte. Ihr Name war Alan, und später erfuhr ich, dass dies die moderne Form von Helen war.

»Dann willst du den Bericht sicher per Ultrophon senden, nicht wahr?« Alan nahm ein kompaktes, etwa sechs Quadratzoll großes Paket aus einem Halfter ihres Gürtels und reichte es Wilma.

Soweit ich sehen konnte, hatte es keinen besonderen Empfänger für das Ohr. Wilma warf nur einen Deckel zurück, so als würde sie ein Buch öffnen, und begann zu sprechen. Die aus der Maschine antwortende Stimme war ebenso gut hörbar wie ihre eigene.

Sie wurde sehr genau über den Angriff und auch recht ausführlich über mich selbst befragt, und der Klang der Stimme sagte mir, dass ihr Besitzer nicht bereit war, meine Geschichte genauso bedenkenlos zu akzeptieren, wie Wilma es getan hatte. Auch das andere Mädchen vertraute mir nicht ganz. Ich konnte es an den misstrauischen Blicken erkennen, die sie mir zuwarf, wenn sie glaubte dass ich abgelenkt war, und in der Art, wie ihre Hand ständig in der Nähe ihres Pistolenhalfters schwebte.

Wilma wurde befohlen, mich sofort hereinzubringen, und man informierte sie darüber, dass ein anderer Kundschafter ihren Platz auf der anderen Seite des Berges einnehmen würde. Also schloss sie den Deckel des Ultrophons und gab es Alan zurück, die erleichtert schien, uns über die Wipfel in Richtung der Lager verschwinden zu sehen.

Wir hatten vielleicht zehn Meilen auf für mich noch immer erstaunlich leichte Art und Weise zurückgelegt, als Wilma erklärte, dass wir ab jetzt am Boden bleiben müssten. Wir näherten uns den Lagern, sagte sie, und es bestand immer die Gefahr, dass ein kleiner Han-Aufklärer, unsichtbar hoch am Himmel, uns durch ein Projektoskop entdecken und damit die generelle Position der Lager herausfinden würde.

Wilma brachte mich in das Kundschafterbüro, das sich als kleines Gebäude von unregelmäßiger Gestalt herausstellte und das in Übereinstimmung mit den umgebenden Bäumen aus grünem, blattartigem Material errichtet war.

Ich wurde vom stellvertretenden Kundschafterchef empfangen, der meine Ankunft sofort der historischen Abteilung und den Offiziellen meldete, die er den Psychochef und den Geschichtschef nannte, und die ein paar Minuten später hereinkamen. Die Haltung der drei Männer war höflich, aber skeptisch, und Wilmas begeisterte Fürsprache schien sie insgeheim zu belustigen.

Die nächsten beiden Stunden redete ich, erklärte und beantwortete Fragen. In aller Genauigkeit musste ich mein Leben im 20. Jahrhundert und mein Verständnis der Sitten, Gewohnheiten, Geschäfte, Wissenschaften und der Geschichte dieser Zeit erklären, sowie die Entwicklungen der vergangenen Jahrhunderte. Hätte ich mich in einem Klassenzimmer befunden, dann wäre mein Prüfungsergebnis sehr dürftig ausgefallen, denn ich konnte auf die Hälfte ihrer Fragen keine Antwort geben. Doch nach kurzer Zeit wurde mir klar, dass es sich dabei größtenteils um Fangfragen handelte. Gegenstände, von deren Zweck ich nichts wusste, wurden mir beiläufig in die Hand gedrückt, und ich wurde genau beobachtet, als ich sie handhabte.

Schließlich konnte ich sowohl Erstaunen als auch Überzeugung in den Gesichtern meiner Inquisitoren sehen. Der Geschichts- und der Psychochef gestanden offen ein, dass sie keinen Fehler in meiner Erzählung oder in meinen Reaktionen finden konnten, und dass daher – so unglaublich es auch schien – meine Geschichte als echt akzeptiert werden musste.

Nun brachten sie mich zum Großen Chef Hart. Er war ein stattlicher Mann mit einem Pokergesicht. Selbst im 20. Jahrhundert wäre er wahrscheinlich ein erfolgreicher Politiker gewesen.

Sie berichteten ihm kurz von meiner Geschichte und davon, wie sie mich geprüft hatten. Er nickte nur anerkennend, gab aber keinen weiteren Kommentar ab. Dann wandte er sich an mich.

»Wie fühlt es sich an?«, fragte er. »Sehen wir komisch für dich aus?«

»Ein wenig seltsam«, gab ich zu. »Aber das benommene Gefühl verliert sich langsam, obwohl ich schon merke, dass ich furchtbar viel zu lernen habe.«

»Vielleicht können wir von dir auch etwas lernen«, sagte er. »Du hast also im Ersten Weltkrieg gekämpft. Na ja, wir haben kaum noch Aufzeichnungen über die Einzelheiten dieses Krieges, besonders über die genauen Gefechtsbedingungen und die angewandten Taktiken. Während des Han-Terrors haben wir viel vergessen, und – na, vermutlich hast du eine Menge Ideen, über die unsere Angriffsmeister nachdenken können. Übrigens, da du nun hier bist und sozusagen nicht in dein eigenes Jahrhundert zurückgehen kannst, was hast du vor? Du kannst gerne einer von uns werden. Oder vielleicht willst du uns nur eine Weile besuchen und dich dann bei den anderen Gangs umsehen? Vielleicht gefällt dir eine von den anderen besser? Entscheide dich nicht sofort. Wir werden dich für eine Weile als Gast betrachten. Mal schauen. Du und Bill Hearn könntet gut miteinander auskommen. Er ist der Lagerchef von Nummer 34, wenn er nicht gerade als Angriffschef oder als Kundschafterchef unterwegs ist. In seinem Lager gibt es eine freie Stelle. Bleib bei ihm und denke darüber nach, solange du möchtest. Sobald du dich für irgendwas entschieden hast, lass es mich wissen.«

Wir gaben uns die Hand, denn dies war ein Brauch, der auch nach fünfhundert Jahren nicht ausgestorben war, und ich brach mit Bill Hearn auf.

Bill war wie alle anderen grün gekleidet. Er war ein großer Mann, das heißt, er hatte etwa meine Höhe, fünf Fuß elf Zoll. Das war deutlich über dem jetzigen Durchschnitt, denn es sah so aus, als hätten die Menschen im Verlauf von fünf Jahrhunderten etwas an Statur verloren. Die meisten Frauen waren etwas unter fünf Fuß groß; die Männer waren nur wenig größer.

Zwei Wochen lang beschränkte sich Bill auf seine Lagerpflichten, sodass ich eine gute Gelegenheit hatte, mich mit dem Gemeinschaftsleben vertraut zu machen. Es war nicht einfach. Es gab so viele Wunderdinge zu entdecken. Ich konnte nicht aufhören, über die seltsame Kombination aus rustikalem gesellschaftlichem Leben und fieberhafter industrieller Tätigkeit zu staunen. Wenigstens war es für mich seltsam. Denn meiner Erfahrung nach bedeutete industrielle Entwicklung überfüllte Städte, Mietskasernen, gepflasterte Straßen, ein Übermaß an Fahrzeugen, Lärm, hetzende Männer und Frauen mit angespannten oder leeren Gesichtern, riesige Gebäude und überladene öffentliche Anlagen.

Stattdessen lebten die hiesigen Familien und Gruppen in rustikaler Einfachheit im Herzen des Waldes, und oft lag zwischen den einzelnen Haushalten eine Entfernung von einer Viertelmeile oder mehr. Große Menschenmengen fehlten vollkommen, und es gab keine anderen Beförderungsmittel als die sogenannten »Springergürtel«, die fast ständig und von jedem getragen wurden, und ein gelegentliches Raketenschiff für längere Reisen. Außerdem gab es unterirdische Betriebe und Fabriken, die für mich eher wie Laboratorien oder Maschinenräume aussahen; viele von ihnen waren so tief wie Bergwerksminen, mit gut gefertigter, beleuchteter und bequemer Innenausstattung. Diese Leute waren Experten der Tarnung gegen die Beobachtung aus der Luft. Von ihren Aktivitäten würde weder ein über das Zentrum der Gemeinde fliegendes Luftschiff etwas ahnen, noch ein zufällig durch die Baumkronen brechender Feind. Die Lager – oder Hausgemeinschaften – waren alle von unregelmäßiger Gestalt, und ihre Farben verschmolzen mit den großen Bäumen, unter denen sie versteckt lagen.

Auf einem Gebiet von etwa fünfzehn Quadratmeilen gab es bei den Wyomings 724 Wohnstätten oder »Lager«. Die Bevölkerungszahl betrug 8688, was alle Männer, Frauen und Kinder einschloss, egal ob Mitglied der Gemeinde oder »Gast«.

Die Fabriken waren ebenfalls weit über das Gebiet verteilt. So etwas wie Überfüllung war nirgends gestattet. Soweit möglich, wurden Familien und Einzelpersonen Wohnquartiere zugewiesen, die nicht weit von den Fabriken oder Büros lagen, in denen sie arbeiteten.

Alle gesunden Männer und Frauen wechselten in zweiwöchigen Perioden zwischen militärischen und gewerblichen Diensten, es sei denn, sie wurden für Hausarbeiten benötigt. Da die Arbeitsbedingungen in den Fabriken und Büros ideal waren und man außerdem viel im Freien zu tun hatte, war die Bevölkerung robust und aktiv. Faulheit galt beinahe als das größte soziale Vergehen. Harte Arbeit und allgemeiner Verdienst wurden auf unterschiedliche Weise mit besonderen Privilegien belohnt, mit dem Aufstieg in höhere Autoritätsbereiche und mit verschiedenen Luxusartikeln und Gütern des täglichen Bedarfs.

In meiner Freizeit saß ich gern vor dem Wohnsitz, in dem ich mit Bill Hearn und zehn anderen Männern einquartiert war und beobachtete die gelegentlichen Passanten, die sich mit gemächlicher Eile auf dem Waldpfad entlang bewegten. Sie erhoben sich mit langen, beinahe waagerechten Sprüngen vom Boden, schwangen sich gelegentlich von einem passenden Ast zum nächsten, bevor sie nach einer Weile zu Boden glitten. Die normale Reisegeschwindigkeit betrug bei geraden Pfaden etwa zwanzig Meilen pro Stunde. So etwas wie Automobile oder Züge (die Erinnerung daran war für mich kaum einen Monat alt) erschien mir nun unsagbar töricht im Vergleich zu dem Nutzen, den diese Gürtel oder Springer boten.

Bill schlug vor, dass ich ein paar Tage herumlaufen sollte. Von Fabrik zu Fabrik, um so viel wie möglich zu beobachten und zu lernen. Die ganze Gemeinde war von meinem Erscheinen unterrichtet worden, und mittels ultronischer Übertragung war meine Einstufung als »Gast« in jedem Gebäude und Posten bekannt. Überall wurde ich interessiert und hilfsbereit willkommen geheißen.

Ich besuchte die Fabriken, in denen die ultronischen Schwingungen aus dem Äther isoliert und durch langsame Prozesse in subelektronische, elektronische und atomare Form gebracht und in die beiden großen künstlichen Elemente Ultron und Inertron umgewandelt wurden. Ich lernte – zumindest oberflächlich – etwas über die kombinierten chemischen und mechanischen Prozesse, mit denen man die verschiedenen synthetischen Stoffe herstellte. Ich beobachtete die Herstellung der Maschinen, die in den Werkstätten benutzt wurden, um verschiedenste Arten von Baumaterial zu erzeugen. Doch besonders interessiert war ich an den Munitionsfabriken und den Fertigungsstätten für Raketenschiffe.

Ultron ist ein Feststoff von großer molekularer Dichte und moderater Elastizität, der die Eigenschaft hat, für das Pulsieren von Licht, Elektrizität und Hitze zu 100 Prozent leitfähig zu sein. Durch seine vollständige Lichtdurchlässigkeit ist es absolut unsichtbar und nicht spiegelnd. Seine magnetische Reaktion liegt ebenfalls bei fast 100 Prozent. Unter normalen Bedingungen ist es daher sehr schwer, reagiert aber extrem gut auf die Repellor[1]- oder Antischwerkraftstrahlen, die beispielsweise von den Han als »Beine« für ihre Luftschiffe genutzt werden.

Inertron ist der zweite große Triumph der amerikanischen Forschung und der Experimente mit ultronischen Kräften. Es wurde erst ein paar Jahre vor meinem Erwachen in der verlassenen Mine entwickelt. Es ist ein künstliches Element, das mittels einer komplizierten Überlagerung ultronischer Pulse aus »infra-balancierten« subionischen Formen erzeugt wird. Es ist vollständig träge für alle elektrischen und magnetischen Kräfte oberhalb der ultronischen Ordnung, also für alle subelektronischen, elektronischen, atomaren und molekularen Kräfte. Als Folge besitzt es eine Anzahl erstaunlicher und wertvoller Eigenschaften. Eine davon ist das vollständige Fehlen von Gewicht; eine andere ist das Fehlen von Wärme. Es besitzt keinerlei molekulare Schwingungen. Es reflektiert 100 Prozent der darauf einwirkenden Hitze und des Lichts. Da es die Wärme der Hand nicht absorbiert, fühlt es sich bei Berührung natürlich

[1] Repellor, ein Begriff aus der Theorie dynamischer Systeme; beschreibt eine Anzahl von Zuständen, von dem sich ein dynamisches System wegbewegt.

auch nicht kalt an. Trotz des mangelnden Gewichts ist es ein Feststoff von großer Dichte und beträchtlicher Elastizität. Es ist ein perfekter Schild gegen die Desintegrationsstrahlen.

Was den Abschuss der Kugeln betrifft, sind Raketengewehre sehr einfache Erfindungen. Es handelt sich um leichte, an einem Ende geschlossene Röhren, mit einer durch einen Abzug betätigten Nadel, um die dünne Außenhaut am Boden der Patrone zu durchstechen. Das Durchbohren der Außenhaut setzt eine chemische und atomare Reaktion in Gang. Die gesamte Patrone verlässt die Röhre aus eigener Kraft und mit sehr leichter Anfangsgeschwindigkeit – gerade schnell genug, um die Zielgenauigkeit zu gewährleisten; daher muss die Röhre auch nicht besonders schwer sein. Das Geschoss wird während des Fluges schneller. Es kann fest oder explosiv sein. Es kann bei Berührung oder nach einer bestimmten Zeit oder durch eine Kombination beider Bedingungen explodieren.

Bill und ich redeten vor allem über Waffen, militärische Taktiken und Strategien. Seltsamerweise hatte er keinerlei Ahnung von den Möglichkeiten des Sperrfeuers, obwohl mir die gewaltige Wirkung, die ein »Vorhang aus Feuer« mit den hochexplosiven Projektilen dieser modernen Raketengewehre haben könnte, durchaus klar war. Doch scheinbar war die Idee des Sperrfeuers in den Luftkriegen nach dem Ersten Weltkrieg vollständig verloren gegangen. Ihre Spur war während der späteren Bodenoperationen gegen die Han-Luftschiffe verschwunden, als die Amerikaner ihre sonderbaren Guerillataktiken entwickelt hatten, und während der Bandenkriege, die bis vor ein paar Generationen ohne Unterlass getobt hatten.

»Ich frage mich«, sagte Bill eines Tages, »ob wir nicht so etwas wie ein Sperrfeuer gegen die Bad Bloods errichten können. Der Große Chef erzählte mir heute, dass er mit den anderen Gangs Kontakt aufgenommen hat, und alle sind sich einig, dass man die Bad Bloods auch für immer ausradieren kann. Der Anschlag auf Wilma Deering und ihr offensichtlicher Wunsch, unter den Gangs Unruhe zu stiften, hat die gesamte Gemeinschaft östlich der Alleghenies aufgerüttelt. Der Chef sagt, dass niemand Einwände hat, wenn wir uns um die Sache kümmern. Also, ich denke, dass es nicht mehr lange dauern wird. Nun zeig mir noch mal, wie du das im Wald von Argonne gemacht hast. Die Bedingungen sollten so ziemlich die gleichen sein.«

Ich ging es mit ihm im Detail durch, und nach und nach stellten wir einen modifizierten Plan auf, der besser an unsere stärkeren Waffen und den Einsatz von Springern angepasst war.

»Das wird leicht«, jubelte Bill. »Ich schwebe runter und bespreche es morgen mit dem Chef.«

Während meiner ersten beiden Wochen bei den Wyomings sah ich Wilma Deering recht häufig. Da sie das erste menschliche Wesen war, das ich nach dem Erwachen aus meinem langen Schlaf gesehen hatte, fühlte ich eine engere Freundschaft zu ihr. Ihre Dankbarkeit, dass ich ihr Leben gerettet hatte, obwohl ich gar nicht anders gekonnt hatte, und vor allem meine eigene Dankbarkeit, dass es ihr leichter als den anderen gefallen war, meine Geschichte zu glauben, wirkten in die gleiche Richtung. Ich konnte mir gut vorstellen, wie unglaublich meine Geschichte geklungen haben musste.

Es war auch ganz natürlich, dass sie ein außergewöhnliches Interesse an mir zeigte. Vor allem, weil ich ihre persönliche Entdeckung war, und außerdem war sie ein Mädchen mit wissbegierigen und nachdenklichen Anlagen. Sie wurde niemals müde, meine Geschichten und Beschreibungen aus dem 20. Jahrhundert anzuhören.

Die anderen aus der Gemeinde fanden unsere Freundschaft vermutlich recht amüsant. Scheinbar war Wilma dafür bekannt, dass das andere Geschlecht sie sonst eher kalt ließ, und so legten manche ihr Verhalten – sehr zu ihrem eigenen Vergnügen – falsch aus. Wilma und ich ignorierten dies jedoch so gut es ging.

Kapitel IV
Ein Han-Luftangriff

In Wilmas Lager gab es ein Mädchen namens Gerdi Mann, in das Bill Hearn schrecklich verliebt war, und wir vier waren oft zusammen unterwegs. Gerdi war ein ganz eigener Typ. Während Wilma das übliche braune Haar und die Haselnussaugen wie fast alle in ihrer Gemeinde hatte, war Gerdi blauäugig, hatte rotes Haar und sehr helle Haut. Jetzt ist sie seit vielen Jahren tot, doch ich habe ihr Bild noch immer lebhaft vor mir, weil mich ihr Äußeres an einen gewissen Typus des 20. Jahrhunderts erinnerte, den ich bei den modernen Amerikanern sehr selten gefunden habe; und außerdem, weil wir vier gerade in eine Diskussion über dieses Thema vertieft waren, als ich meinen ersten Han-Luftangriff erlebte.

Wir saßen hoch oben auf dem Berghang und blickten in das Tal hinab, in dem es vor menschlicher Aktivität nur so wimmelte und das unsichtbar unter seinem Laubdach verborgen lag.

Die anderen drei kannten über die Iren nur ganz unbestimmte Gerüchte, nach denen es sich dabei um ein Volk auf der anderen Seite der Erdkugel handeln sollte, dem es ebenfalls gelungen war, eine unsichere und flüchtige Existenz als Rebellion gegen die mongolische Weltherrschaft zu unterhalten. Daher lauschten sie mit Interesse meiner Theorie, dass Gerdis Vorfahren vor vielen hundert Jahren irisch gewesen sein mussten. Ich erklärte, dass Gerdi ein irischer Typ war, offenbar ein Relikt vergangener Zeiten, und dass ihr Familienname ebenso gut McMann, McMahan oder – noch älter – Mac Mathghamhain lauten konnte. Sie waren auch sehr an meiner Vermutung interessiert, dass »Gerdi« nur eine andere Form von »Gerty« oder »Gertrude« aus dem 20. Jahrhundert war.

Mitten in unserer Unterhaltung wurden wir durch eine Alarmrakete aufgeschreckt, die weit im Norden in die Luft stieg und einen Mantel aus rotem Rauch ausbreitete, der wie eine Wolke in der Luft hing. Weitere Signale folgten ihr und färbten den nördlichen Himmel.

»Ein Han-Angriff!«, rief Bill erstaunt. »Der erste seit sieben Jahren!«

»Vielleicht ist nur eines ihrer Schiffe vom Kurs abgekommen«, vermutete ich.

»Nein«, sagte Wilma aufgeregt. »Dann wären es grüne Raketen. Rote Raketen bedeuten nur eines, Tony. Sie fegen mit ihren D-Strahlen über das Land. Kannst du irgendwas sehen, Bill?«

»Wir gehen besser in Deckung«, sagte Gerdi nervös. »Wir vier sitzen hier wie auf dem Präsentierteller. Und soweit wir wissen, könnten sie zwölf Meilen hoch und außer Sicht sein, uns aber trotzdem mit ihren Projektoskopen sehen.«

Bill hatte den Horizont hastig mit seinem Fernglas abgesucht, doch offenbar konnte er nichts sehen.

»Wir hätten uns besser verteilen sollen«, sagte er schließlich. »So lauten die Befehle, weißt du. Schau!« Er zeigte auf das Tal.

Immer wieder tauchten dort kleine Gestalten über dem Laub der Baumkronen auf.

»Das ist schlecht«, sagte Wilma, als sie die Springer zählte. »Man sieht nicht weniger als fünfzehn Personen, und ihre Bewegung geht von einem zentralen Punkt aus. Wollen sie unseren Standort verraten?«

Der Standardbefehl bei Luftangriffen war, dass sich die Bevölkerung individuell verteilen sollte. In Anbetracht der Zerstörungskraft der Desintegrationsstrahlen sollte es keine Gruppenbildung geben, nicht einmal eine Paarbildung. Wenn diese Prozedur eingehalten wurde und jedermann unter dem Schirm der Bäume versteckt blieb, dann – so hatte die Erfahrung vergangener Generationen gezeigt – mussten die Han das Gelände Meile für Meile, Fuß um Fuß absuchen, um mehr als einen kleinen Bruchteil der Gemeinde zu fangen.

Gerdi weigerte sich jedoch, Bill zu verlassen, und auch Wilma bestand hartnäckig darauf, an meiner Seite zu bleiben. Sie erklärte mir, wie unerfahren ich in dieser Angelegenheit war und ignorierte dabei die Tatsache, dass das gleiche für sie galt, denn beim letzten Luftangriff war sie erst dreizehn oder vierzehn Jahre alt gewesen.

Da ich sie davon nun einmal nicht abbringen konnte, sprangen wir zusammen eine Viertelmeile nach rechts, während Bill und Gerdi den Hang hinab eilten und unter den Bäumen verschwanden.

Wilma und ich waren auf der Suche nach einem Aussichtspunkt, von dem aus wir das Tal und den nördlichen Himmel überblicken konnten. Wir fanden ihn nahe des Bergrückens, wo wir, durch dicke Äste den Blicken entzogen, eine gute Sicht auf das Tal hatten.

Es wurden keine weiteren Raketen abgeschossen. Abgesehen von den roten Signalwolken, die träge am blauen Himmel trieben, gab es keinen Hinweis auf irgendein menschliches Wesen, weder am Himmel noch am Erdboden.

Dann ergriff Wilma meinen Arm und zeigte auf etwas. Ich sah es: weit in der Ferne, ein von Phantomen gelenktes Luftschiff, durch seine Lackierung kaum sichtbar, ein nackter Schemen.

»Siebentausend Fuß hoch«, flüsterte Wilma und kauerte sich dicht neben mich. »Schau.«

Das Schiff hatte etwa die Gestalt eines Zeppelins des 20. Jahrhunderts, doch ohne die frei schwebenden Kontrollräume, Maschinen, Propeller, Ruder und ohne die erhöhten Tragflächen. Als es schnell bedrohlich näher kam, sah ich, dass es breiter und irgendwie flacher war, als ich angenommen hatte.

Jetzt konnte ich die Repellorstrahlen sehen, die das Schiff in der Höhe hielten, und die im hellen Tageslicht (sowie bei Nacht) für das menschliche Auge kaum sichtbar waren. Tatsächlich, so hatte man mich instruiert, gab es zwei Strahlen: Der sichtbare wurde von den Schiffssystemen erzeugt und war als »Trägerimpuls« auf den Boden gerichtet. Der echte Repellorstrahl war das Gegenstück des anderen; er wurde durch die Tätigkeit des »Trägers« erzeugt und reagierte mittels konzentrierter Aufwärtsbewegung von der Erdmasse aus, nahm stufenweise elektronischen, atomaren und schließlich molekularen Charakter an (entsprechend des Verhältnisses zwischen Erdmasse und »Trägerquelle«), bis das Schiff von einer aufwärts rauschenden Luftsäule getragen wurde, fast wie ein Ball auf dem Strahl einer Fontäne.

Der Angreifer näherte sich mit unglaublicher Geschwindigkeit. Seine beiden Strahlen waren achtern in einem spitzen Winkel geneigt, so dass er mit enormem Schub voran glitt.

Offenbar besaß das Schiff zwei Desintegrationsstrahlen, allerdings nutzte es diese nur sporadisch. Doch wann immer sie mit blendendem Glanz hinabzuckten und spielerisch über den Erdboden strichen, verschwanden Wälder, Steine und Felsen im Nichts.

Als ich später die von den Strahlen hinterlassenen Narben untersuchte, waren sie etwa fünf Fuß tief und dreißig Fuß breit. Die freiliegende Oberfläche war von lavaartiger Struktur, dabei aber von blassem, schillerndem, grünlichem Farbton.

Das Schiff setzte seine Strahlen erst dann systematisch ein, als es einen Punkt über der Mitte des Tales erreicht hatte – dem Zentrum der Gemeinde. Dort stoppte es abrupt, schoss seine Repellorstrahlen scharf nach vorn und ließ sie dann nach und nach in die Senkrechte gehen. Als das Schiff reglos schwebte, begann es sein zerstörerisches Werk.

Die tödlichen Strahlen rasten vor und zurück und gruben parallele Furchen von einem Hang zum anderen. Wilma und ich keuchten vor Entsetzen, denn immer wieder sahen wir, wie die Strahlen durch bewohntes Gebiet pflügten.

»Das ist schrecklich«, stöhnte sie und sah mich mit erschrocken fragenden Augen an. »Woher konnten sie den Standort so genau wissen, Tony? Hast du das gesehen? Die hatten überhaupt keine Zweifel. Die sind auf einen ganz bestimmten Punkt zugeflogen, und … und es war genau der richtige Punkt.«

Wir sprachen nicht davon, was geschehen mochte, wenn

sich die Strahlen in unsere Richtung drehten. Wir wussten es beide. Im Bruchteil einer Sekunde würden wir uns in nichts als verstreute elektronische Schwingungen auflösen. Seltsamerweise war sie es, das selbstbewusste Mädchen aus dem 25. Jahrhundert, das bei mir, einem relativ primitiven Mann des 20. Jahrhunderts, moralische Unterstützung suchte. Immerhin war ich viel weniger mit dieser schrecklichen Möglichkeit vertraut als sie.

Wir wussten, dass in diesen wenigen Minuten viele unserer Gefährten vor unseren Augen ausgelöscht worden waren. Die ganze Sache lähmte unseren Geist und unseren Körper für wer weiß wie lange.

Die Strahlen hatten nicht mehr als dreißig Furchen in das Tal gegraben, als ich aus meiner Starre erwachte und Wilma unsanft schüttelte.

»Wir weit können diese Raketengewehre schießen, Wilma?«, fragte ich und zog meine Waffe.

»Das hängt von der Rakete ab, Tony. Man braucht eine mit enormer Reichweite, allerdings könntest du aus einem längeren Rohr genauer schießen. Aber warum? Du kannst den Schiffsrumpf nicht mit Raketenkraft durchdringen, selbst wenn du ihn erreichst.«

Ich fummelte ungeschickt an meiner Raketentasche herum, denn ich war aufgeregt. Ich hatte eine Idee, die ich ausprobieren wollte; eine Ahnung, auch wenn Wilma nicht ganz verstand, was ich mit diesem alten Wort meinte. Aber schließlich wählte ich mit ihrer Hilfe die Rakete mit der größten Reichweite und schob sie in mein Gewehr.

»Damit kannst du keine siebentausend Fuß weit schießen«, wandte Wilma ein. Doch ich zielte sorgfältig. Es war ein anderer Gedanke, den ich im Kopf hatte. Man hatte mir erzählt, dass der unterstützende Repellorstrahl ab einer bestimmten logarithmischen Stufe molekularen Charakter annahm. Unterhalb dieser Stufe existierte nur ein rein elektronischer »Fluss« zwischen der Trägerquelle und der durchschnittlichen Erdmasse. Wenn ich mein Projektil nun in diesen »Fluss« schoss, wo er begann, materielle Substanzen aufwärts zu tragen, könnte es dann nicht zusammen mit der Luftsäule aufsteigen, an Geschwindigkeit gewinnen und mit solcher Kraft auf das Schiff treffen, dass es die Hülle durchschlagen würde? Es war einen Versuch wert. Auch Wilma wurde ganz aufgeregt, als sie meinen Gedanken begriff.

Fieberhaft suchte ich nach einem Ast, auf den ich den Lauf stützen konnte, denn ich musste höchst sorgfältig zielen. Endlich fand ich einen. Geduldig betrachtete ich den Schiffsrumpf über uns und zielte in einem solchen Winkel auf die entfernte Seite, dass meine Kugel direkt durch den vorwärtsgerichteten Repellorstrahl fliegen musste. Schließlich schwebte das Schiff über den gesuchten Punkt, und ich drückte sanft auf die Taste.

Einen Augenblick lang starrten wir atemlos.

Plötzlich schwang das Schiff herum, als wäre es auf einer Drehachse befestigt, und schaukelte wie ein Pendel. Wilma schrie vor Aufregung.

»Oh Tony, du hast es getroffen! Du hast es getroffen! Mach es noch mal, schieß es ab!«

Wir hatten nur noch eine einzige Rakete mit so großer Reichweite dabei, und als wir versuchten, sie in das Gewehr zu laden, ließen wir sie in unserer Nervosität dreimal fallen. Dann zwang ich mich durch pure Willenskraft zur Ruhe, während Wilma ihre kleine Faust in den Mund stopfte, um nicht zu schreien. Ich visierte das Ziel wieder sorgfältig an und schoss. Blitzartig hatte Wilma die Möglichkeit erkannt, dass meine Entdeckung zum Ende der Han-Herrschaft führen konnte.

Die unsichtbare Flugbahn der Rakete schien kein Ende zu nehmen.

Dann sahen wir, wie das Schiff zu Boden ging. Es schien träge abzusacken, doch tatsächlich stürzte es mit fürchterlicher Beschleunigung, drehte sich kopfüber; seine außer Kontrolle geratenen Desintegrationsstrahlen zeichneten weite, wilde Bögen in die Luft und schnitten einmal nur zweihundert Fuß von uns entfernt eine klaffende Wunde in den Wald.

Das Getöse, mit dem das schwere Fahrzeug auf den Boden schlug, hallte von den Bergen wider – die schiere Wucht von achtzehn- oder zwanzigtausend Tonnen nach einem Absturz aus siebentausend Fuß Höhe. Mit poetischer Gerechtigkeit begrub es seine verstümmelte Metallmasse mitten in dem rauchenden, halb geschmolzenen Feld der Zerstörung, das es zuvor selbst erschaffen hatte.

Als die letzten Echos verhallten, blieb nichts als die Stille, die bedrückende Leere der Landschaft.

Dann sprang weit entfernt eine einzelne Gestalt jubelnd aus dem Blätterdach. Und in der Ferne noch eine, und noch eine.

Von einem Augenblick auf den anderen war der Himmel mit Signalraketen übersät. Nach und nach wurden aus den roten Punkten treibende Wolken.

»Verteilt euch! Verteilt euch!«, schrie Wilma. »In einer halben Stunde wird eine ganze Han-Flotte aus Nu-Yok hier sein, und noch eine aus Baffelo. Die werden das sofort auf ihren Aufzeichnungs- und Ortungsgeräten sehen, und dann schießen sie das Tal und die ganze Gegend über den Haufen. Komm, Tony. Für die Gang bleibt keine Zeit mehr, sich zu sammeln. Achte auf die Signale. Wir müssen springen. Oh, ich bin so stolz auf dich!«

Mit langen Sprüngen überquerten wir den Bergrücken und wandten uns nach Osten, zum Land der Delawaren.

Von Zeit zu Zeit platzen Signalraketen in der Luft. Bei den meisten handelte es sich um »rote Warnlichter«, also um den Befehl, sich zu verteilen. Aus einigen anderen Signalen schloss Wilma aber, dass der Chef der Wyomings ein großes Treffen im Süden befahl, und so änderten wir unseren Kurs.

Es war sehr schade, dachte ich, dass die Mitglieder der Gruppe nicht vollständig mit Ultrophonen ausgerüstet waren; doch Wilma erklärte mir, dass man noch nicht genügend Geräte gebaut hatte, dass eine generelle Verteilung innerhalb der nächsten Monate aber im Gespräch gewesen war.

Wir reisten weit, bevor die Dunkelheit über uns hereinbrach, denn wir wollten so viele Meilen wie möglich zwischen uns und das Tal bringen.

Als die Dämmerung das Springen zu gefährlich machte, suchten wir uns einen bequemen Platz unter den Bäumen und verzehrten ein paar unserer Energierationen. Es war das erste Mal, dass ich das Zeug kostete – eine höchst nahrhafte synthetische Substanz namens »Konzentro«, die ich allerdings etwas bitter und widerwärtig fand. Doch da ich nur einen Bissen davon benötigte, spielte es keine Rolle.

Keiner von uns hatte einen Mantel, doch wir waren so müde und glücklich, dass wir uns zusammenrollten, um uns aufzuwärmen. Ich erinnere mich, dass Wilma ein paar schläfrige Bemerkungen über unsere Paarung machte, als sie sich an mich kuschelte, so als wäre alles schon beschlossene Sache. Zu meiner Überraschung konnte ich diesen Gedanken augenblicklich akzeptieren, denn bisher hatte ich nicht auf diese Weise an sie gedacht. Aber wir schliefen beide sofort ein.

Am Morgen fanden wir keine Zeit, uns zu lieben. Das praktische Problem, dem wir gegenüberstanden, war zu groß. Wilma meinte, dass es der Plan der Wyomings sein musste, sich im Susquannagebiet zu sammeln, doch sie hatte ihre Zweifel, ob das klug war. In meiner Freude über den Abschuss des Han-Schiffes und über das neu gewonnene Interesse an meiner charmanten Gefährtin – die mir von meinem Standpunkt des 20. Jahrhunderts hoch zivilisiert und gleichzeitig primitiver als ich selbst erschien – hatte ich die bedenkliche Tatsache vergessen, dass das zerstörte Schiff die genaue Lage der Wyomingwerke gekannt haben musste.

Für Wilmas logischen Verstand bedeutete das, dass die Han entweder neue und für uns noch unbekannte Instrumente entwickelt hatten, oder dass es irgendwo bei den Wyomings oder einer anderen Gruppe einen Verräter gab, der so tief gesunken war, dass er das undenkbare getan und Informationen mit den Han ausgetauscht hatte. In beiden Fällen, behauptete sie, mussten weitere Han-Angriffe folgen, und da die Susquannas eine hoch entwickelte Organisation und äußerst produktive Fabriken besaßen, konnte man erwarten, dass sie das Ziel des nächsten Angriffs waren.

Doch auf jeden Fall mussten wir nun so schnell wie möglich mit den anderen Flüchtlingen Kontakt aufnehmen, also ignorierten wir die von den vielen Sprüngen des Vortages schmerzenden Muskeln und setzten unseren Weg fort.

Wir waren erst ein paar Stunden unterwegs, als wir zehn Meilen vor uns eine vielfarbige Rakete am Himmel sahen.

»Halte dich links, Tony«, sagte Wilma, »und achte auf das Pfeifen.«

»Warum?«, fragte ich.

»Haben sie dir den Raketencode noch nicht gegeben?«, antwortete sie. »Grün, gefolgt von gelb und violett bedeutet, dass man sich fünf Meilen östlich der Raketenposition sammeln soll. Du weißt ja, dass die eigentliche Raketenposition ein paar Desintegrationsstrahlen anlocken kann.«

Wir brauchten nicht lange, um die Gegend des angegebenen Treffpunkts zu erreichen. Wir reisten jetzt zwar unter den Bäumen, sprangen aber gelegentlich in die Baumkronen, um zu sehen, ob noch mehr Raketenrauch über den Himmel trieb. Und bald hörten wir ein entferntes Pfeifen.

Die halbe Gruppe war schon dort, wo sich die Bäume über einen kleinen Bach beugten. Der Große Chef und die Angriffschefs waren damit beschäftigt, die Truppenreste neu zu formieren.

Umgehend berichteten wir Chef Hart. Er schwieg, hörte sich unsere Geschichte aber interessiert an.

»Ihr beide bleibt bei mir«, sagte er und fügte grimmig hinzu: »Ich werde jetzt mit hundert handverlesenen Männern in das Tal zurückkehren, und euch brauche ich dabei.«

Kapitel V
Die Falle wird gestellt

Nach fünfzehn Minuten waren wir wieder unterwegs. Ein gewisses Maß an Vorsicht fiel der Schnelligkeit zum Opfer, und die Männer sprangen eilig voran, entweder über die Baumkronen oder über Waldlichtungen, doch jeder für sich. Der Große Chef nannte uns eine Stelle am Hang als Treffpunkt.

»Solange wir uns nicht gruppieren, müssen wir es darauf ankommen lassen, gesehen zu werden«, erklärte er. »Wenigstens bis wir uns dem Treffpunkt auf fünf Meilen genähert haben. Von da an möchte ich, dass jedermann aus dem Blickfeld verschwindet und verdeckt weiterreist. Und haltet eure Ultrophone offen und auf 10-4-7-6 eingestellt.«

Wilma und ich hatten unser Kampfgepäck vom Ausrüstungschef erhalten. Es bestand aus einem Langgewehr, einer Pistole mit spezieller Munitionstasche aus Inertron, die dadurch nur ein paar Unzen wog, und einem kurzen Schwert. Diese Ausrüstung schnallten wir uns gegenseitig über die Sprunggürtel auf den Rücken. Zusätzlich bekam jeder von uns ein Ultrophon und eine leichte Inertrondecke, die auf sechs Zoll Länge und zwei bis drei Zoll Durchmesser zusammengerollt war. Dieser Stoff war außerordentlich dünn und leicht, besaß durch seinen Inertronanteil aber eine beträchtliche Wärme.

»Das sieht geschäftlich aus«, bemerkte Wilma mit funkelnden Augen. (Und an dieser Stelle könnte ich ein seltsames Detail erwähnen. Das Wort »Geschäft« hatte aus dem amerikanischen Wortschatz des 20. Jahrhunderts überlebt, doch ohne jede Bedeutung von »Industrie« oder »Handel«. Diese rein gemeinschaftlichen Tätigkeiten nannte man »Arbeit« und »Klärung«. Geschäft bedeutete einfach kämpfen, mehr nicht.)

»Hast du das ganze Gepäck aus dem Tal hergebracht?«, fragte ich den Ausrüstungschef.

»Nein«, sagte er. »Dazu war keine Zeit. All das Zeug hier

haben wir vor ein paar Stunden mit den Susquannas geklärt. Ich war mit dem Chef auf dem Weg nach unten, und er ließ mich voraus springen und alles vorbereiten. Aber ihr zwei bewegt euch besser. Er ruft euch schon.«

Hart war schon dabei, uns per Ultrophon anzurufen, als wir auftauchten. Kaum waren wir bei ihm, als er fortsprang und uns winkte, ihm zu folgen.

Er war ein kräftiger Mann und stürzte mit langen, schnellen Sprüngen auf das Bachufer zu. Mit etwas Anstrengung gelang es Wilma und mir, ihn auf der geraden Strecke, die sich daran anschloss, einzuholen.

Als wir allmählich zu ihm aufschlossen, legte er uns – zwischen jedem seiner Sprünge tief schnaufend – seinen Plan vor.

»Früher oder später – uff – müssen wir mit dem großen Geschäft beginnen«, sagte er. »Und wenn – uff – die Han irgendeine Möglichkeit gefunden haben, unsere Stellung aufzuspüren – uff – dann sollten wir jetzt damit anfangen, auch wenn der Rat der Chefs – uff – eigentlich noch ein paar Jahre warten wollte, bis genügend Raketenschiffe – uff – zur Verfügung stehen. Aber wie groß das Opfer auch sein mag – uff – wir können es uns nicht leisten, dass sie uns auf der Flucht erwischen – uff. Wir stellen den gelben Teufeln[1] im Tal eine Falle – uff – falls sie ihr Wrack abholen wollen – uff – und falls nicht, schießen wir ein paar ihrer Linienschiffe auf – uff – der Route Nu-Yok, Klie-Lan, Chi-Kaga ab. Wir können – uff – deine Idee benutzen, in die Repellorstrahlen zu feuern. Du könntest es uns mal vorführen.«

Nach einer weiteren Mahnung, nahe bei ihm zu bleiben, erhöhte er seine Geschwindigkeit, und Wilma und ich mussten uns aufs Äußerste anstrengen, um mit ihm mitzuhalten. Aber erst beim Aufstieg an den Hängen überwogen meine stärkeren Muskeln sein größeres Können, und so war ich in der Lage, das Tempo vorzugeben, wie ich es bei Wilma schon einmal getan hatte.

[1] Diese eindeutig rassistische Passage scheint auch in späteren Veröffentlichungen nicht modifiziert worden zu sein. Vgl. auch die Anmerkung auf Seite 17 f.

In dieser Nacht schliefen wir unter unseren Inertrondecken viel bequemer. Mit der Morgenröte brachen wir auf und erreichten mit vorsichtigen Sprüngen die Bergspitze über dem Tal, das Wilma und ich verlassen hatten.

Geduldig suchte der Chef den Himmel mit seinem Ultroskop ab und nahm sich volle fünfzehn Minuten dafür Zeit. Dann klappte er das Ultrophon auf und gab den Männern seine Anweisungen.

Sein erster Befehl an uns alle war, unsere Ohr- und Brustscheiben in feste Position zu schieben.

Diese Ultrophone waren ganz anders als das Gerät, das Wilmas Gefährtin an dem Tag benutzt hatte, als ich sie vor dem bösartigen Angriff der Banditengruppe gerettet hatte. Dieses hier passte in eine kleine Tasche und bestand aus einem Paar Ohrscheiben, jedes ein separates und in sich geschlossenes Empfangsgerät. Sie wurden in kleine, an den Stoffhelmen angebrachte Taschen über unseren Ohren geschoben und schlossen praktisch alle Nebengeräusche aus. Die Brustscheiben waren vergleichbare, in sich geschlossene Sendegeräte und wurden ein paar Zentimeter unter dem Nacken festgeschnallt und durch die Schwingungen der Stimmbänder aktiviert. Die Gesamtreichweite dieser Geräte betrug etwa achtzehn Meilen. Der Empfang war bemerkenswert klar, ganz frei von der Statik, die für den Funkverkehr des 20. Jahrhunderts so typisch war, und von einer Stärke, die von der Distanz des Sprechers abhängig war.

Der Apparat des Chefs war dreifach verstärkt, sodass seine Befehle alle örtlichen Gespräche überlagern konnten, die man ohnehin nur mit großer Zurückhaltung und nur zur Pflege von Kontakten unterhielt.

Ich staunte, wie effizient diese modernen Methoden der Gefechtskommunikation im Gegensatz zu den schwerfälligen Signalgeräten alter Zeiten waren. Aber auch in anderen militärischen Bereichen bildeten die Methoden des 20. und die des 25. Jahrhunderts einen starken Kontrast. Diese modernen Amerikaner wussten beispielsweise kaum etwas vom Nahkampf oder vom Stellungskrieg. Obwohl sie Waffen von fürchterlicher Kraft besaßen, war ihnen das Sperrfeuer ganz unbekannt. Und bis zu meinem letzten Geistesblitz war offenbar niemand von ihnen auf die Idee gekommen, eine Rakete in einen Repellorstrahl zu schießen und den Strahl selbst zu benutzen, um das Geschoss zum wichtigsten Teil des Schiffes hinauf zu tragen.

Hart platzierte geduldig seine Männer, gab zuerst den Lagermeistern seine Anweisungen und wartete dann schweigend ab, bis diese ihre Leute postiert hatten.

Schließlich hatten die hundert Männer auf den Berghängen und Gipfeln einen Kreis um das Tal geschlossen, jeder in einer Position, von der aus er einen guten Blick auf das Wrack des Han-Schiffes hatte. Doch während der ganzen Prozedur ließ sich, soweit ich das sehen konnte, keiner der Leute blicken.

Der Chef erklärte, dass er mit Wilma und mir das Wrack untersuchen wollte. Falls Han-Schiffe am Himmel auftauchten, konnten wir sofort zum Berghang flüchten.

Ich schlug ihm vor, die Langgewehre der Männer auf einen unsichtbaren Kreis um das Wrack richten zu lassen. Als wir drei zum Han-Schiff hinabsprangen, machte er sich selbst zur Zielscheibe und wies seine Männer einzeln an, die genaue Zielposition zu erfassen.

Inzwischen waren Wilma und ich in die Trümmer geklettert, fanden aber nicht viel. Fast alle Maschinen und Instrumente waren so verbogen, dass man ihre Form kaum noch erkennen konnte, oder sie waren durch den Desintegrationsstrahl zerstört worden, der sein Werk auch nach dem Absturz noch eine Weile fortgesetzt hatte.

Es war eine unangenehme Arbeit, die entstellten Leichen der Besatzung zu durchsuchen. Aber es musste getan werden. Die Kleidung der Han, fiel mir auf, war ganz anders als die der Amerikaner und ähnelte in vielerlei Hinsicht sogar den Gewändern, die ich aus dem früheren Teil meines Lebens kannte. Sie bestand aus synthetischem, seidenartigem Stoff, lockeren und bequemen knielangen Hosen und ärmellosen Hemden.

Schützende Kleidung, außer vielleicht gegen Zugluft, war nicht nötig, erklärte mir Wilma, denn die Han-Städte waren vollständig in sich geschlossen und besaßen großartige Ventilations- und Klimasysteme. Diese Systeme hatte man natürlich auch in ihren Luftschiffen eingerichtet. In der Tat hatten die Han eine Abneigung gegen helles Sonnenlicht, und da ihre Beleuchtungsanlagen eine kontrollierte Menge violetter Strahlung verbreiteten, war das unmodifizierte Sonnenlicht für die Gesundheit nicht erforderlich und für den Komfort unerwünscht. Da die Han das Geheimnis des Inertron nicht kannten, trug keiner von ihnen Antischwerkraftgürtel. Doch obwohl sie ständig ihr volles Körpergewicht mit sich herumschleppen mussten, waren sie den Amerikanern physisch weit unterlegen, denn sie lebten in degenerativer körperlicher Trägheit, besaßen alle möglichen Maschinen zur Arbeitsverrichtung und legten sogar die kleinsten Wege in bequemen Fahrzeugen zurück.

Selbst in den verbogenen Schiffstrümmern konnte ich erkennen, dass Sitze, Stühle und Liegen eine besonders wichtige Rolle in ihrem Lebensplan spielten.

Doch keine der Leichen war übergewichtig. Die Körper schienen einst gesunden Männern gehört zu haben, besaßen allerdings stark unterentwickelte Muskeln. Wilma erklärte mir, dass sie die Wissenschaft der Drüsenkontrolle beherrschten, und natürlich der Diät, sodass ihre Männer und Frauen nicht selten ein Alter von hundert Jahren erreichten und ihre Arterien und ihr generelles Befinden in prächtigem Zustand waren.

Ich hatte keine Zeit, das Schiff und seine Bestandteile so sorgfältig zu studieren, wie ich es gewollt hatte. Die Zeit war knapp, und es war unsere Aufgabe, einen Grund dafür zu finden, warum das Schiff die Wyomingwerke so exakt hatte aufspüren können.

Der Chef hatte seine Vorbereitungen für die Abwehrmaßnahmen kaum abgeschlossen, als einer der Kundschafter auf dem Hügel das Erscheinen von sieben Han-Schiffen verkündete. Sie näherten sich in einem weiten Halbkreis.

Hart sprang auf den Hang zu und signalisierte uns, ihm zu

folgen, doch da Wilma und ich uns unterhalten wollten, hatten wir die Klappen unserer Helme angehoben. Als wir bemerkten, was geschehen war, waren die Schiffe bereits so nahe, dass man sie deutlich erkennen konnte.

»Springt!«, hörten wir den Befehl des Chefs. »Deering nach Norden. Rogers nach Osten.«

Doch Wilma sah mich bedeutsam an und zeigte auf einen Unterschlupf, den die verbogenen Schiffsplatten über dem Erdboden bildeten.

»Zu spät, Chef«, sagte sie. »Sie würden uns sehen. Übrigens glaube ich, dass es hier etwas gibt, das wir uns ansehen sollten. Es könnte ihr Magnetograph sein.«

»Damit unterschreibt ihr euer Todesurteil«, warnte uns Hart.

»Wir riskieren es«, sagten Wilma und ich gleichzeitig.

»Gut für euch«, antwortete der Chef. »Dann übernimmst du erst einmal das Kommando, Rogers. Jungs, kennt ihr alle seine Stimme?«

Ein Chor der Zustimmung erklang in unseren Ohren, und während ich mich mit dem Mädchen in den Trümmerhaufen duckte, stellte ich ein paar eilige Überlegungen an.

»Wilma, hol dir dieses Aufzeichnungsgerät«, sagte ich. Indem ich den Kanal offen ließ, konnte ich das gesamte Kommando ständig über unsere Situation auf dem Laufenden halten. »Die Männer an den Hängen halten die Waffen ständig auf das Ziel ausgerichtet und bleiben in Bereitschaft. Wie viele von euch sind auf den Bergkuppen? Meldet euch nacheinander in Ost-, Nord- und Westrichtung und beginnt mit dem kahlen Hügel.«

Zwanzig Männer nannten ihre Namen.

Ich befahl ihnen, die Han-Schiffe ins Ziel zu nehmen und nummerierte die Schiffe dazu von links nach rechts.

»Richtet eure Raketen auf die Repellorstrahlen, und zwar auf etwa drei Viertel des Abstands zwischen Schiff und Erdboden. Der Zielpunkt ist wichtiger als die Höhe. Folgt den Strahlen sorgfältig mit anvisiertem Ziel. Schießt, sobald ich es euch sage, nicht eher. Deering hat das Aufzeichnungsgerät. Die Han haben uns vielleicht nicht gesehen, oder wenigstens glauben sie, dass nur wir beide hier im Tal sind, denn sie nähern sich ohne aktivierte Desintegratoren. Irgendwelche Kommentare?«

Meine Ohrscheiben blieben still.

»Deering und ich bleiben hier, bis sie landen und aussteigen. Bleibt in Alarmbereitschaft.«

Schnell und sicher landete das größte der Han-Schiffe. Drei stiegen in höhere Luftschichten auf und schwenkten scharf nach Süden ab. Die anderen schwebten bewegungslos in etwa tausend Fuß Höhe.

Als ich durch einen kleinen Spalt zwischen zwei Platten spähte, sah ich, wie der riesige Schiffskoloss genau in der Schusslinie unseres vorbereiteten Sperrfeuers zur Ruhe kam. Ein paar Fuß über dem Boden flog eine Tür auf, und einer nach dem anderen trat die Besatzung heraus.

Kapitel VI
Das »Massaker von Wyoming«

»Sie kommen aus dem Schiff.« Ich sprach sehr leise, mit der Hand über dem Mund, denn ich hatte Angst, dass sie mich hören könnten. »Eins – zwei – drei – vier – fünf – sechs – sieben – acht – neun. Das scheinen alle zu sein. Weiß jemand, wie viele Besatzungsmitglieder so ein Schiff normalerweise trägt?«

»Etwa zehn, wenn es keine Passagiere gibt«, antwortete mir jemand, wahrscheinlich einer der Männer auf dem Berghang.

»Wie sind sie bewaffnet?«, fragte ich.

»Nur Messer«, kam die Antwort. »Sie erlauben keine Handstrahler auf den Schiffen. Fürchten sich vor Unfällen. Gibt ein Gesetz dagegen.«

»Dann überlasst sie uns«, sagte ich, denn in meinem Kopf formte sich ein neuer Plan. »Ihr an den Berghängen übernehmt die oberen Schiffe. Verlasst dazu den Schutzring. Teilt euch auf, wenn ihr auf diese Repellorstrahlen zielt. Ihr auf den Gipfeln visiert die Schiffe im Süden an. Schießt auf meinen Befehl, nicht eher.

Wilma, du kriechst nach links rüber, wo du direkt zur Tür des Schiffes springen kannst. Diese Männer laufen alle in einem Haufen um das Wrack herum. Wenn sie auf der anderen Seite sind, gebe ich dir ein Zeichen und du springst mit einem Satz durch die Tür. Ich werde dann folgen. Vielleicht bleiben wir ungesehen. Wir überwältigen die Wache im Inneren, schießen aber nicht. Da man nicht über das Wrack hinwegsehen kann, könnten wir ungesehen entkommen.«

Das war so einfach, dass es zu schön schien, um wahr zu sein. Die Han liefen träge um die Trümmer herum und sprachen in gutturalen Tönen; sie zeigten ein starkes Interesse an dem Wrack, waren aber ganz arglos.

Schließlich waren sie auf der anderen Seite. Noch ein Augenblick, und sie würden das Wrack betreten.

»Wilma, spring!«, flüsterte ich.

Die Entfernung zwischen Wilmas Versteck und der Tür an der Seite des Han-Schiffes betrug nicht mehr als fünfzehn Fuß. Sie stieß sich von dem Metallbalken ab, unter dem sie gehockt hatte, und nutzte den Auftrieb, den sie für ihren wunderbaren Inertrongürtel einkalkuliert hatte. Wie ein grünes Projektil hechtete sie kopfüber durch die Tür. Ich folgte gleich darauf, nicht weniger schnell, quetschte mir aber ungeschickt die Schulter, als ich vom Rand der Öffnung abprallte und mich an das Mädchen heranzog. Sie war bewusstlos, denn offenbar war sie beim Sturz in das Abteil mit dem Kopf angestoßen.

Wir hatten einigen Lärm in dem Schiff gemacht. Aus einem gut beleuchteten Gang näherten sich schleppende Schritte.

»Irgendwelche Anzeichen, dass man uns bemerkt hat?«, fragte ich meine Leute auf dem Berg.

»Noch nicht«, hörte ich den Chef antworten. »Die Schiffe über uns haben sich nicht bewegt und auch keine Strahlen aktiviert. Die Männer am Boden sind noch mit dem Wrack beschäftigt. Die meisten sind dort hineingekrochen und damit außer Sicht.«

»Gut«, sagte ich schnell. »Deering hat sich den Kopf gestoßen; sie ist k.o. Ein oder mehrere Mannschaftsmitglieder nähern sich. Noch sind wir nicht entdeckt. Ich kümmere mich um sie. Wartet noch ein wenig, aber bleibt in Bereitschaft.«

Ich glaube, der näherkommende Mann hatte meine letzten Worte gehört, denn er blieb plötzlich stehen.

Ich hockte mich reglos in die entfernte Ecke des Schotts. Falls es nur ein einzelner Mann war, würde ich mein Schwert nicht ziehen. Er musste ein Schwächling sein, und es sollte kein Problem sein, ihn mit bloßen Händen zu überwältigen.

Offenbar hatte das Fehlen weiterer Geräusche den Mann beruhigt; er bog um eine Trennwand – und ich sprang.

Ich riss die Beine hoch und erwischte ihn mit einem Tritt in den Bauch.

Dann rannte ich den Hauptgang entlang und suchte nach dem Kontrollraum. Ich fand ihn vorn im Bug; er war menschenleer. Wie konnte ich die Schiffssteuerung blockieren, ohne dass man dies auf den Überwachungsgeräten der anderen Schiffe sofort bemerkte? Ich starrte auf die Unzahl von Kontrollelementen. Hebel und Räder in Hülle und Fülle. In der Mitte des Raums, auf einem massiv gestützten Gelenkstück, fand ich das, was ich für den Repellorgenerator hielt. Ein Ziffernblatt leuchtete und ein schwaches Summen erklang aus seiner Metallhülle. Doch ich hatte keine Zeit, es zu untersuchen.

Vor allen Dingen befürchtete ich, dass es hier einige automatische Ultrophongeräte gab, durch die man mich auf den anderen Schiffen hören konnte. Das Risiko, die Steuerung zu blockieren, war zu groß. Ich verwarf die Idee und zog mich leise zurück. Ich musste darauf vertrauen, dass kein anderes Mannschaftsmitglied an Bord war.

Ich rannte zum Eingangsbereich zurück. Wilma lag noch dort, wo sie hingefallen war. Ich hörte die Stimmen der Han immer näher kommen. Es war Zeit zu handeln. Die nächsten paar

Sekunden mussten zeigen, ob uns die restlichen Schiffe auslöschen würden. Ich sprach.

»Seid Ihr Jungs alle bereit?«, fragte ich, kroch in eine Position gegenüber der Tür und zog meine Pistole.

Wieder erklang ein Chor der Zustimmung.

»Dann bei drei; feuert auf die Repellorstrahlen – auf alle – und schießt um Gottes willen nicht daneben.« Ich zählte.

Ich glaube, mein »drei« war ein bisschen schwach. Ich weiß, dass ich allen Mut zusammennehmen musste, um es auszusprechen.

Einen qualvollen Augenblick lang passierte gar nichts, außer dass der Landungstrupp des Schiffes in mein Sichtfeld spazierte.

Dann schauten sie erschrocken nach oben. Für einen Moment erstarrten sie vor Entsetzen, was auch immer sie dort oben sahen.

Einer warf sein Messer nach mir. Es streifte meine Wange. Dann stürzten ein paar von ihnen zum Eingang. Der Rest folgte. Doch ich feuerte bereits mit meiner Pistole, drückte den Knopf so schnell wie möglich und zielte dabei auf ihre Füße, damit die Explosivgeschosse Kontakt aufnehmen und ihr Werk verrichten konnten.

Die Detonation meiner Raketen war betäubend. Der Punkt, an dem die Han standen, blitzte blendend auf. Ihre zerrissenen und verstümmelten Leichen waren alles, was von ihnen übrig blieb. Sie hatten so nahe beieinander gestanden, dass ich sie alle erwischt hatte.

Ich lief zur Tür und erwartete jeden Augenblick, mit einem Desintegrationsstrahl in die Unendlichkeit gefegt zu werden.

Eine Achtelmeile entfernt sah ich eines ihrer Schiffe zu Boden krachen. Ein Desintegrationsstrahl zuckte auf, schwang unentschlossen hin und her und raste dann direkt auf das Schiff zu, auf dem ich stand. Doch er erreichte es nie. Plötzlich, als schalte man ein Licht aus, schoss er zur Seite; kurz darauf stürzte ein weiterer Koloss ab. Ich blickte mich um, dann sprang ich an Land.

Ich sah nur zwei Han-Schiffe am Himmel, das waren die beiden südlichen Aufklärer; sie hingen senkrecht in der Luft und sackten langsam ab. Die anderen mussten abgestürzt sein, als mich der Explosionslärm meiner eigenen Raketen betäubt hatte.

Jemand traf den Repellorstrahl eines der beiden verbliebenen Schiffe, und es verschwand hinter einer Bergspitze außer Sicht. Das andere war weiter entfernt und driftete schräg nach unten ab, während sein Desintegrationsstrahl bösartig über den Erdboden tanzte.

Ich schrie vor Freude und Erleichterung.

»Du kannst das Kommando wieder übernehmen, Chef!«, rief ich.

Mit dröhnender Stimme befahl er einigen Springern, das abstürzende Schiff zu verfolgen, doch ich achtete nicht darauf. Ich sprang in das Han-Schiff zurück und kniete mich neben meine Wilma. Ihr gepolsterter Helm musste viel von dem Schlag abgefangen haben, denn sonst hätte sie sich wohl den Schädel gebrochen.

»Oh, mein Kopf«, stöhnte sie, als ich sie sanft in den Arm nahm und mit ihr ins Freie trat. »Wir müssen gewonnen haben, Liebster, nicht wahr?«

»Das haben wir ganz sicher«, versicherte ich ihr. »Bis auf eines sind alle abgestürzt, und dieses letzte wird weiter im Süden zu Boden gehen. Das Schiff, in dem wir uns befinden, ist noch intakt. Sie hatten nur einen einzigen Mann an Bord zurückgelassen.«

Keine halbe Stunde später befahl uns der Chef, die Ultrophone auf 3-20-3 einzustellen, um einen von der Susquanna-Station übersetzten Funkspruch der Han-Nachrichtenabteilung Nu-Yok abzuhören. Er wurde in Form einer öffentlichen Warnung gesendet und lautete folgendermaßen:

> »Dies ist die Nachrichtenabteilung Nu-Yok mit Hinweisen für Privatschiffe und Nachrichten von allgemeinem Interesse. Das aus sieben Schiffen bestehende Geschwader, das

Nu-Yok heute Morgen verlassen hat, um die jüngste Zerstörung einer GK-984 im Tal von Wyoming zu untersuchen, wurde durch eine Reihe rätselhafter Explosionen zerstört. Auf fünf von sieben Schiffen stellten alle Ultrophone, Sichtschirme und Signalgeräte annähernd gleichzeitig um Sieben-Vier-Neun den Dienst ein.« (Nach der Zeitrechnung der Han: Sieben und Neunundvierzig Hundertstel nach Mitternacht.) »Nach heftigen Störungen schalteten sich die Ortungsgeräte ab. Seitdem sind die Register für Elektroaktivitäten im Gebiet des Wyomingtals inaktiv.
Die Nachrichtenabteilung hat keine Hinweise darauf, welche Katastrophe das Geschwader ereilte, abgesehen davon, dass ähnliche Explosionen bereits bei der Zerstörung der GK-984 registriert wurden. Das Schiff verschwand kürzlich von den Sichtschirmen, als es damit beschäftigt war, die Fabriken und Lager der Ureinwohner mittels systematischer Bestrahlung auszulöschen. Die Nachrichtenabteilung nimmt an, dass die Stämme eine neue und noch unbestimmte Angriffstechnik entwickelt haben und empfiehlt daher dem Himmelssohn, der Schifffahrtsbehörde sofortige und umfassende Befehlsgewalt zu übertragen, um diese Technik zu untersuchen und eine Verteidigungsstrategie zu entwickeln.
In der Zwischenzeit wird allen privaten Navigatoren empfohlen, das Gebiet zu meiden und sich ansonsten so nah wie möglich an die offiziellen Verkehrsrouten zwischen den Städten zu halten. Diese Routen werden inzwischen von den Streitkräften überwacht und weiträumig im Umkreis von zehn Meilen bestrahlt. Das Militär meldet, dass derzeit keine direkten Angriffe gegen die Stämme der Ureinwohner geplant sind. Zusammen mit der Schifffahrtsbehörde verzichtet man zum Schutz von Material und Menschenleben vorerst auf riskante Vergeltungsschläge und setzt stattdessen auf wissenschaftliche Ursachenforschung. Solange also keine weiteren Beweise vorliegen oder der Himmelssohn nichts anderes anordnet, wird das Militär eine defensive Politik verfolgen.

Inoffizielle Äußerungen von Lo-Tan deuten an, dass sich der Himmelsrat gegenwärtig mit der Angelegenheit befasst. Die Schifffahrtsbehörde meldet folgende Zusammenfassung ihrer Beobachtungen:
Das Geschwader begab sich in eine Position über dem Wyomingtal, wo sich, den letzten Signalen ihres Ortungsgerätes zufolge, das Wrack der GK-984 befinden musste. An dieser Stelle registrierten die Bodenprojektoskope aller Schiffe die gesuchten Trümmer. Die Bilder der Teleprojektoskope zeigten weder auf dem Wrack noch im Talkessel Hinweise auf die Anwesenheit von Ureinwohnern. Auch die Schiffsregister zeigten keine Spuren fremder Elektroaktivität. Auf Befehl des Kommandanten der Basisstaffel begaben sich die LD-248, die LK-745 und die LG-25 nach Süden in eine Höhe von 3000 Fuß. GK-43, GK-981 und GK-220 blieben in 2500 Fuß Höhe, während die GK-18 landete, um dem wissenschaftlichen Komitee Zutritt zum Wrack zu gewähren. Der Landetrupp ließ bei seiner Erkundung einen Mann im Kontrollraum zurück. Er stellte alle Projektoskope auf universellen Fokus, außer RB-3« (das dritte Projektoskop auf der rechten Seite des Unterdecks) »mit dem er dem Landungstrupp folgte, das gerade das Wrack umrundete.
Das erste ungewöhnliche Phänomen wurde vom Projektoskop RB-4 der GK-18 aufgezeichnet und automatisch weitergeleitet. Als der Landungstrupp am hinteren Teil des Wracks außer Sicht geriet, erfasste der Apparat zwei grüne Flugkörper von etwa zylindrischer Gestalt, die sich vom Wrack zum Landeabteil des Schiffes bewegten. Dank des universellen Fokus, auf den das Projektoskop eingestellt war, konnten sie auf so kurze Entfernung nicht genau bestimmt werden.
Der Basiskapitän von GK-18 befahl dem Mann im Kontrollraum, die Angelegenheit sofort zu untersuchen. Der Soldat befolgte den Befehl. Einen Moment später waren verworrene Geräusche im Elektrophon zu hören, so als fiele

ein Mann schwer zu Boden; Fußschritte näherten sich dem Kontrollraum, eine Gestalt kam herein und verließ den Raum dann wieder eilig. Der Basiskapitän ist nun der Meinung, und die Standbilder der Bildaufzeichnung unterstützen diese Ansicht, dass es sich dabei nicht um das Mannschaftsmitglied handelte, das im Kontrollraum verblieben war. Bevor ihn der Kapitän ansprechen konnte, verließ er den Raum und reagierte auch nicht auf das schiffsweit ausgelöste Warnsignal.

Zu diesem Zeitpunkt zeigte RB-3, nun außerhalb der Fokuskontrolle, in undeutlichen Bildern die Rückkehr des Landungstrupps zum Schiff. RB-4 präsentierte die Bilder wesentlich klarer. Dann war auf beiden Instrumenten in rascher Folge eine Anzahl blendender Explosionen zu sehen, und die Elektrophonrelais registrierten schreckliche Erschütterungen; anschließend fielen die elektronischen Apparate und Projektoskope des Schiffes aus.

Die durch Bildaufzeichnungen belegten Berichte der Beobachter auf den anderen Schiffen zeigen, dass die Explosionen in dem Augenblick stattfanden, als der Landungstrupp, offenbar ohne Verdacht geschöpft zu haben, zum Schiff zurückkehrte. Dann folgten auf den drei Kreuzern über dem Tal in rascher Folge mehrere furchtbare Explosionen nahe der Repstrahl-Generatoren, woraufhin die Verbindung zu diesen Schiffen abbrach.

Von den drei südlich positionierten Schiffen erlitt die LD-248 zur selben Zeit das gleiche Schicksal. Ihre Aufzeichnungen tragen wenig zur Aufklärung der Katastrophe bei. Anders sah es bei der LK-745 und der LG-25 aus.

Die Sendegeräte der LK-745 deuteten die Zerstörung durch eine Explosion des hinteren Repstrahl-Generators an. Das Schiff hing eine Weile mit dem Heck nach unten und schwang wie ein Pendel. Die vorderen Sichtschirme und Anzeigegeräte funktionierten weiterhin, doch ihre Aufzeichnungen sind chaotisch. Ein einziges Standbild der Projektoskope zeigt den Talkessel und die abstürzende GK-981, doch keine sichtbaren Spuren irgendwelcher Ureinwohner. Auch der Sichtschirm des Kontrollraums zeigt nur die niederstürzende und zur Rückwand rollende Schiffsmannschaft. Dann explodierte der vordere Repstrahl-Generator, und die Signale verstummten.

Das Schicksal der LG-25 war ähnlich, nur dass das Schiff mit der Nase voran nach unten hing und mit dem Wind nach Süden trieb – und sich damit langsam aus dem Empfangsbereich entfernte.

Da ihr Kontrollraum zerstört war, war die Kommunikation mit dem Gefechtskapitän nicht möglich. Die Aufzeichnung des internen hinteren Sichtschirms zeigt, wie Mannschaftsmitglieder zum Repstrahl-Generator klettern und dort versuchen, die manuelle Kontrolle wiederherzustellen und das Schiff zu stabilisieren. Die Relais der Projektoskope schwangen in weiten Bögen hin und her, zeichneten jedoch erst am Ende ihrer Pendelbewegung interessante Bilder auf. Einer der auf teleskopischen Fokus gesetzten Apparate zeigt äußerst nützliche Aufnahmen des Absturzes der anderen Schiffe, und die Bilder des hinteren Projektoskops erlauben die genaue Rekonstruktion der pendelnden und abwärts schwingenden Schiffsbewegung. Doch keine dieser Aufnahmen liefert einen Beweis für die Anwesenheit von Ureinwohnern im Wald. Eine letzte Explosion, in einer Höhe von eintausend Fuß und vier Meilen südöstlich der Talmitte, stellte auch dieses Schiff außer Dienst.«

Die Nachricht endete mit einer Warnung an andere Luftfahrer, das Tal zu meiden.

Kapitel VII
Unerhörter Verrat

Nach dem Empfang dieses Berichtes und dem Versprechen der benachbarten Gruppenführer, uns auch weiterhin zu unterstützen, beschloss Hart, die Gemeinde des Wyomingtals wieder aufzubauen.

Eine sorgfältige Untersuchung des Geländes ergab, dass nur die nördlichen Bereiche und Abhänge vom Han-Schiff »bestrahlt« worden waren.

Die Kunstfaserwerke waren teilweise zerstört worden, allerdings hatte der Strahl die tieferen unterirdischen Ebenen der Fabrik nicht erreicht. Der schützende Wald darüber war jedoch vernichtet worden, und so wurde entschieden, die Anlage aufzugeben, um eventuell zurückkehrenden Han-Wissenschaftlern keine funktionsfähigen Maschinen oder Produktionsunterlagen zu hinterlassen.

Die Munitions- und Raketenschiffwerke, die in Kürze in Betrieb genommen werden sollten, waren noch ebenso intakt wie andere wichtige Fabrikanlagen.

Hart holte den Chef der Susquannawerke zu sich und bestimmte neue Lagerstandorte. Diese wurden weiter nach Süden verteilt, wobei er den von den Strahlen der Han verseuchten Boden sowie die unmittelbare Nähe der Wracks mied.

Während dieser Zeit wurden alle Nachrichten der Han besonders genau überprüft, denn die Ultrophonanlage war eine der ersten, die wieder in Betrieb ging. Als offensichtlich wurde, dass die Han keine unmittelbaren Vergeltungsschläge planten, wurde die gesamte Gemeinde zurückgerufen und das normale Leben nahm wieder seinen Lauf.

Wilma und ich hatten am Tag nach der Zerstörung der Schiffe geheiratet und verbrachten wunderbare Flitterwochen beim Camping in den Bergen. Nach unserer Rückkehr richteten wir uns natürlich ein eigenes Lager ein. Wir wurden Standort 1017 zugewiesen. Und wie man sich denken kann, gab es zwischen uns jede Menge Geplänkel, wer der Lagerchef sein sollte. Der Titel stand natürlich direkt hinter meinem Namen in den Unterlagen des Großen Chefs, doch Wilma behauptete sorglos, dass dies überhaupt nichts zu sagen hatte und brachte mich immer wieder dazu, ihr beizupflichten.

Inzwischen war ich ein vollwertiges Mitglied der Gruppe

geworden, denn ich hatte mich entschieden, nicht weiter nach einem dauerhaften Bündnis zu suchen, so gern ich mich auch mit dem Leben des 25. Jahrhunderts in anderen Landstrichen vertraut gemacht hätte. Die Wyomings hatten einen hohen moralischen Standard und bildeten seit vielen Jahren unter der Leitung des Großen Chefs Hart eine blühende Gemeinschaft. Doch ich fand bald heraus, dass viele andere Gruppen schlecht organisiert waren, dass ihnen eine starke autoritäre Hand fehlte und dass sie voller Intrige waren. Alles in allem, dachte ich, wäre es klug, bei einer Gruppe zu bleiben, die ihre Freundlichkeit schon unter Beweis gestellt hatte und die mir vielleicht noch Entwicklungsmöglichkeiten bot. Unter diesen neuen sozialen und ökonomischen Bedingungen war die individuelle Freiheit, an die ich mich im 20. Jahrhundert gewöhnt hatte, nicht möglich. Der Versuch, Allianzen zu vermeiden, hätte mich zu so etwas wie einer sozialen Null gemacht. Ähnlich wäre es in politischer Hinsicht jedem Mann im 20. Jahrhundert ergangen, der sich keiner politischen Partei angeschlossen hätte.

Wenn ich es von meinem historischen Blickwinkel aus beurteilte, dann schien das ganze moderne Leben nach »politischen« Grundsätzen organisiert zu sein. Und in diesem Zusammenhang amüsierte es mich, wie universell man das Wort »Chef« inzwischen benutzte. Der Führer – die verantwortliche Person mit einer bestimmten Autorität – war ein »Chef«. Es gab zwischen ihm und seinen Anhängern genauso wenig Förmlichkeit, wie es bei den politischen Führern des 20. Jahrhunderts der Fall gewesen war. Seine Gefolgsleute brachten ihm den gleichen Respekt entgegen, und genauso wichtig waren ihm deren Belange. Er war ebenso sehr ein Alleinherrscher, wie er von der öffentlichen Meinung abhängig war, um seine Alleinherrschaft aufrecht zu erhalten.

Ein untergeordneter Chef, der nicht über die Loyalität seiner Anhänger verfügen konnte, wurde genauso schnell von seinen Vorgesetzten oder seiner Gefolgschaft abgesetzt, wie die Wahlkreisführer der alten Zeiten ihre Stimmen verloren hatten.

So wie die Gesellschaft im 20. Jahrhundert organisiert war, glaube ich nicht, dass das System in anderer als politischer Hinsicht funktioniert hätte. Ich zittere bei dem Gedanken, was geschehen wäre, hätte man die Soldaten der A.E.F[1] während des Ersten Weltkriegs auf diese Weise behandelt, anstatt mit strenger militärischer Disziplin und der Reduzierung des Individuums auf ein standardisiertes Zahnrad im Getriebe.

Doch Dank der Jahrhunderte des verzweifelten Leids, das die Menschen unter den Han ertragen mussten, war ein Gefühl der Aufopferung für das Gemeinwohl entstanden, das alle Bereiche der menschlichen Zusammenarbeit durchdrungen hatte.

Allerdings habe ich dazu eine etwas andere Meinung. Meine Genossen betrachten diesen Gedanken mit dem gleichen Schrecken, der viele würdige Menschen des 20. Jahrhunderts bei der ketzerischen Idee erfasst hatte, dass die in der Verfassung festgelegte ursprüngliche Regierungsform nicht mehr so gut zum 20. Jahrhundert wie zum frühen 19. passte.

In späteren Jahren konnte ich ein gewisses Aufweichen der Moral beobachten, denn die Han und all ihre Werke waren endlich vernichtet worden und Amerika hatte eine neue Luxuswirtschaft entwickelt. Ich habe Hinweise auf das Erwachen von Gier und Selbstsucht gesehen. Der ewige Kreislauf scheint wieder aktiv zu sein. Ich fürchte, dass langsam aber sicher der private Reichtum zurückkehren wird. Unbeugsame Gesetze entstehen, ihnen folgen Korruption und Zerfall, und schließlich wird ein verheerendes Ereignis diese Epoche beenden und eine neue einläuten.

Diese Bemerkungen schweifen jedoch zu weit von meiner Geschichte ab, in der es um die frühen Schlachten gegen die Han geht, und nicht um die aktuelleren Probleme unserer Selbstkontrolle.

Unser Sieg über sieben Han-Schiffe hatte das Land in Brand gesteckt. Das Geheimnis hatte man den anderen Gruppen ge-

[1] American Expeditionary Forces (Amerikanische Expeditionsstreitkräfte).

wissenhaft mitgeteilt, und nun lag die ganze Region von einem Ende zum anderen in gespannter Erwartung. In den Munitionsfabriken herrschte fieberhafter Betrieb, und die Jagd auf verirrte Han-Schiffe wurde zu einer beliebten Sportart. Das Ergebnis war für unsere Erbfeinde katastrophal.

Von der Pazifikküste erreichte uns der Bericht eines großen Transpazifik-Linienschiffes von 75 000 Tonnen Tragfähigkeit, das von einem unsichtbaren Punkt über den Wolken abgeschossen worden war. Ein Dutzend Sacramentos hatte seine Repstrahlen wie geisterhafte Säulen durch das Zwielicht herankriechen gesehen. Das Schiff hatte sich ihnen aus einem so günstigen Winkel genähert, dass sie ihre Raketen mit Leichtigkeit hineinschießen konnten. Einen Repstrahl hatten sie erwischt; der andere Strahl war nicht stark genug, um das Geschoss hinaufzutragen. Das Schiff sank mit dem Bug voran zu Boden, und da es unbewaffnet und ungepanzert war, hatten sie keine Schwierigkeiten, es in Stücke zu schießen und seine Besatzung und seine Passagiere niederzumetzeln. Mir kam es barbarisch vor, aber ich hatte auch keine jahrhundertelange erbitterte Verfolgung im Blut.

Aus Jersey erhielten wir Nachricht von der Zerstörung eines Schiffs der Linie Nu-Yok – A-Lanta. Die Sandschützen lagen tagelang an den Stränden auf der Lauer, wobei sie in ihrer sandfarbenen Kleidung praktisch unsichtbar waren. Immer in der Gefahr, entlang der Route von D-Strahlen getroffen zu werden, konnten sie schließlich vier Treffer in einer Woche landen. Die Han unterbrachen den Flugverkehr auf dieser Strecke, und als Beweis, dass sie unser Erfolg schwer getroffen hatte, blieben sogar die Vergeltungsangriffe aus.

Es war ein paar Wochen später, als der Große Chef Hart mich rufen ließ.

»Tony«, sagte er, »da gibt es zwei Sachen, über die ich mit dir reden will. Eine davon wird in den nächsten Tagen öffentlich bekannt gemacht, denke ich. Wir werden mit unserer Taktik keine weiteren Han-Schiffe mehr abschießen können, es sei denn, wir benutzen wesentlich größere Raketen. Inzwischen haben sie uns durchschaut. Ihre Schiffsrümpfe sind jetzt unterhalb der Repstrahl-Generatoren dick gepanzert. In der Nähe von Baffelo hat heute Morgen eine Gruppe Eries vergeblich versucht, eines abzuschießen. Die Explosionen haben es erschüttert, sind aber nicht durchgedrungen. Soweit wir ihren Berichten entnehmen können, haben ihre Labore eine neue und besonders starke und elastische Legierung entwickelt, die ihre Repstrahlen dennoch wie ein Sieb durchlässt. Unseren Berichten zufolge sind die Erie-Raketen harmlos abgeprallt. Der größte Teil der Gruppe wurde anschließend von den D-Strahlen ausgelöscht.

Nicht mehr lange, und es wird ein echtes Geschäft für alle Gangs geben. Die Großen Chefs haben gerade ein nationales Ultrophonkonzil abgehalten. Es wurde entschieden, dass sich Amerika auf nationaler Ebene organisieren muss. Der erste Schritt ist es, die dafür notwendigen Zonen einzuteilen. Mich hat man zum Superchef der Mittelatlantikregion gemacht.

Jetzt können wir uns auf etwas gefasst machen. Die Han werden sicherlich Vergeltungsmissionen starten. Wenn wir unsere Rasse retten wollen, müssen wir sie von unseren Lagern und Fabrikanlagen fernhalten. Ich überlege, eine ständige Kampfgruppe einzurichten, analog zu den Frontlinien des 20. Jahrhunderts, von denen du mir erzählt hast. Ihr Geschäft wird zweierlei sein: die Kampfhandlungen soweit wie möglich zu den Han zu tragen und gleichzeitig als Köder zu dienen, um ihre Aufmerksamkeit von unseren Fabriken abzulenken. Dabei werde ich deine Hilfe brauchen.

Die andere Sache, über die ich mit dir sprechen wollte, ist die: So erstaunlich und unmöglich es auch scheint, aber es gibt einige Leute unter uns, vielleicht eine ganze Gruppe, die uns an die Han verrät. Es könnten die Bad Bloods sein, oder vielleicht eine der Gangs, die in der Nähe der Han-Städte leben. Weißt du, vor hundertfünfzehn oder –zwanzig Jahren gab es gewisse Vorfahren dieser Leute, die sich tatsächlich soweit erniedrigten, sich mit den Han zu paaren und ihnen manchmal sogar als

Sklaven zu dienen. Das war in den Tagen, bevor sie ihre Ausrüstung zur Perfektion brachten.

Da gibt es so eine Gang in der Nähe von Baffelo, die Nagras genannt wird, und eine weitere namens Pineys mitten in Jersey. Aber den Pineys würde ich es kaum zutrauen, denn dazu fehlt es ihnen an Klugheit. Sie haben keine Informationen, die sie den Han geben könnten, und wären auch nicht in der Lage, ihr Wissen weiterzugeben. Es sind einfach nur Wilde.«

»Aber welchen Beweis gibt es, dass uns irgendjemand an die Han verraten hat?«, fragte ich.

»Nun«, antwortete er. »Zuerst einmal war da dieser Angriff auf uns. Dieses erste Han-Schiff kannte den Standort unserer Fabrikanlagen ganz genau. Erinnerst du dich, dass es direkt über dem Tal in Stellung ging und mit der systematischen Bestrahlung begann? Und dann haben die Han offenbar davon erfahren, dass wir ihre Elektrophonwellen abhören, denn inzwischen nutzen sie wieder ihr altes, aber extrem genaues System der Richtfunkkontrolle. Doch in der letzten Woche konnten wir dieses Problem durch die Installation automatischer Transfereinheiten entlang der Narbenstraßen ausgleichen. So nennen wir die Gebiete, die direkt unter den Schiffsrouten der Han liegen und die von ihnen immer wieder durch D-Strahlen vernichtet werden. So verhindern sie, dass das Laub an den Bäumen nachwachsen und uns Amerikanern Schutz bieten kann. Aber diese Routen sind so stark beschossen worden, dass es so aussieht, als ob sie auch diese Strategie kennen. Außerdem verwenden sie jetzt codierte Nachrichten. Schließlich konnten wir drei ihrer Nachrichten abfangen, in denen sie mit einiger Nervosität die Existenz unseres ›mysteriösen‹ Ultrophons diskutieren.«

»Aber sie wissen noch nichts von der ultronischen Wirkung und wie man sie kontrolliert?«, fragte ich.

»Nein«, sagte der Große Chef nachdenklich. »Darüber scheinen sie gar nichts zu wissen.«

»Dann ist es ganz klar«, gab ich zurück. »Wer auch immer die Angelegenheit mit ihnen ›klärt‹, es geschieht stückchenweise.

Das klingt eher nach gelegentlichem Tauschhandel als nach einem richtigen Bündnis. Vielleicht halten sie auch so viele Informationen wie möglich für einen späteren Tauschhandel zurück.«

»Ja«, sagte Hart. »Und die Han bieten als Gegenleistung keine Informationen, sondern Waren oder Privilegien. Der Trick wäre es, die Waren zu orten. Ich schätze, ich werde einen privaten Abstecher zu den Großen Chefs machen.«

Kapitel VIII
Die Stadt der Han

Dieses Gespräch machte mich nachdenklich. Die gesamte Elektrophon-Kommunikation der Han war für die Amerikaner viele Jahre lang ein offenes Geheimnis gewesen, und nun hatten es die Han herausgefunden. Jahrhundertelang hatten sie uns nicht als Bedrohung wahrgenommen. Zweifellos war es ihnen nie in den Sinn gekommen, ihre eigenen Akten abzusichern. Irgendwo in Nu-Yok oder Baffelo, oder vielleicht in Lo-Tan selbst, würde eine mehr oder weniger ungeschützte Aufzeichnung dieser verräterischen Transaktionen existieren. Wenn wir sie nur in die Finger bekommen könnten! Ich fragte mich, ob vielleicht ein Angriff möglich wäre.

Bill Hearn und ich besprachen die Sache mit unseren Chefs für Han-Angelegenheiten und seinen Experten. Es folgten mehrere Tage der Recherche, in denen die Han-Akten der ganzen Dekade gescannt und analysiert wurden. Am Ende trugen sie eine Masse von Details zusammen und formten daraus das sehr eindeutige Bild des Großen Zentralarchivs in Nu-Yok, in dem alle offiziellen Aufzeichnungen aufbewahrt und bei Bedarf an die Dienststellen projektoskopiert wurden, sowie von dem dort verwendeten Archivierungssystem.

Die Idee schien mir durchführbar, doch als ich sie Hart das erste Mal vorstellte, lehnte er sie sofort ab. Das sei undenkbar, sagte er. Glatter Selbstmord. Doch schließlich überzeugte ich ihn.

»Ich brauche Blash«, sagte ich, »der mit dem Bibliothekssystem der Han gründlich vertraut ist; Bert Gaunt, der seit Jahren auf ihre Militärbehörden spezialisiert ist; Bill Barker, der Strahlenspezialist. Außerdem den besten Sturzfliegerpiloten, den wir haben.« *Sturzflieger* sind von Amerikanern entwickelte Ein- oder Zweimann-Flugschiffe mit einem Rückgrad aus Inertron (das man während des Krieges zur Tarnung mit grüner Farbe gestrichen hatte) und einem »Bauch« aus durchsichtigem Ultron.

»Das wird Mort Gibbons sein«, sagte Hart. »Wir haben nur noch drei Sturzflieger, Tony, aber ich riskiere einen von ihnen, falls ihr freiwillig euer Leben wagen wollt. Aber denke daran, ich werde keinen von euch zum Aufbruch zwingen. Ich informiere sofort die Fabrikchefs, dass sie euch alles geben, was ihr an Ausrüstung braucht.«

Als ich Wilma von dem Plan erzählte, erwartete ich, dass sie heftige und tränenreiche Einwände erheben würde, doch das tat sie nicht. Sie war aus weit härterem Holz geschnitzt als die Frauen des 20. Jahrhunderts. Nicht dass sie nicht genauso reichlich weinen oder bei Gelegenheit genauso wunderlich sein konnte, doch sie weinte nicht aus den gleichen Gründen.

Sie warf mir einfach einen unergründlichen Blick zu, in dem ein wenig Stolz zu liegen schien, und fragte eifrig nach den Einzelheiten. Ich gestehe, dass ich etwas enttäuscht war, dass sie so heldenhaft bereit war, meinen Verlust zu riskieren, dennoch war ich über ihre Tapferkeit erstaunt. Doch später sollte ich erfahren, wie wenig ich sie damals kannte.

Wir waren bereit, beim nächsten Morgengrauen aufzubrechen. Ich hatte Wilma im Lager zum Abschied geküsst, und nach einer letzten Beratung bestiegen wir unser Schiff und glitten sanft über die Baumspitzen dahin. Wir wählten einen Kurs, der, nachdem er drei Han-Schiffsrouten gekreuzt hatte, uns auf den Atlantik hinaus trug, vor die Küste von Jersey, wo wir Nu-Yok vom Ozean aus anfliegen wollten.

Zweimal mussten wir in Deckung gehen und nahe einer Route reglos am Boden verharren, während Han-Schiffe vorüber flogen. Dies waren quälende Augenblicke. Hätten sie den grünen Rücken unseres Schiffes gesehen, wären wir innerhalb einer Sekunde desintegriert worden. Doch wir hatten Glück.

Sobald wir über dem Wasser waren, stiegen wir in einer weiten Spirale – zehn Meilen im Durchmesser – aufwärts, bis unser Altimeter[1] eine Höhe von zehn Meilen anzeigte. Hier schaltete Gibbons seinen Raketenmotor aus. Wir schwebten weit über der Flughöhe der Atlantikliner, deren Kurs ein gutes Stück nördlich von uns lag, und warteten auf den Einbruch der Nacht.

Dann wandte sich Gibbons lange genug von seiner Steuerung ab, um mich anzugrinsen.

»Ich habe eine Überraschung für dich, Tony«, sagte er, wobei er den Deckel einer Vorratskiste zurückwarf. Und mit einem Seufzer der Erleichterung kroch Wilma aus der Kiste.

»Falls du ›ins Nichts gehst‹ (ein gebräuchlicher aktueller Ausdruck für die Vernichtung durch den Desintegrationsstrahl), dann glaubst du doch nicht, dass ich dich allein gehen lasse, nicht wahr, Tony? Ich wollte meinen Ohren nicht trauen, als du letzte Nacht davon sprachst, ohne mich wegzugehen. Doch dann fiel mir ein, dass du in vielerlei Hinsicht fünfhundert Jahre zurückgeblieben bist. Liebster, weißt du denn nicht, dass du mich auf die schlimmste Art beleidigt hast, die zwischen Eheleuten möglich ist? Aber natürlich wusstest du das nicht.«

Die anderen waren offenbar alle in das Geheimnis eingeweiht gewesen und hätten mich nun gnadenlos auf den Arm genommen, wenn Wilmas Augen nicht gefährlich gefunkelt hätten.

Bei Einbruch der Nacht manövrierten wir uns in eine Position direkt über der Stadt. Bill Barker brauchte einige Zeit für seine Berechnungen und erklärte mir, dass er unseren Standort durch ultronische Peilung bestimmen musste. Er fürchtete, dass selbst

[1] Höhenmesser

das geringste elektronische Signal von den Suchgeräten unserer Feinde aufgespürt werden konnte. Und tatsächlich wagten wir uns aus Furcht vor Entdeckung nicht tiefer als fünf Meilen herab.

Schließlich gelang es ihm, über dem Zentralturm der Stadt in Stellung zu gehen.

»Wenn ich mit meinen Berechnungen auch nur zehn Fuß daneben liege«, bemerkte er zuversichtlich, »dann fresse ich den Turm. Nun bist du dran, Mort. Sieh zu, dass du sie ruhig halten kannst. Nein – hier, schau auf die Anzeige – der rote Strahl, nicht der grüne. So, wenn du sie genau in der Mitte halten kannst, ist alles in Ordnung. Die Strahlweite beträgt siebzehn Fuß. Das Podest auf dem Turm misst fünfzig Quadratfuß, sodass wir eine Menge Spielraum haben.«

Einige Zeit sahen wir zu, wie Gibbons sich über seine Hebel beugte und sie ständig mit geschickten Fingern justierte. Nach einigem Schwanken blieb der Strahl genau in der Mitte zentriert.

»Gut«, sagte ich, »gehen wir runter.«

Ich öffnete die Falltür und sah hinab, schloss sie aber schnell wieder, als ich spürte, wie die Luft aus unserem Schiff in die dünne Atmosphäre entwich. Gibbons schrie an seiner Instrumententafel auf.

»Daran habe ich nicht gedacht«, murmelte ich. »Dumm von mir. Natürlich, wir müssen durch die Kammer hinaus.«

Die Kammer, von der ich sprach, ähnelte den Schleusen der U-Boote des 20. Jahrhunderts. Wir alle betraten sie. Es gab kaum Platz für uns, und so standen wir Schulter an Schulter. Mit etwas Mühe setzten wir unsere speziellen Flughelme auf und passten den Druck an. Auf unser Signal pumpte Gibbons die Luft aus der Kammer in das Schiff zurück, und als das kleine Signallicht aufblitzte, öffnete Wilma die Luke.

Ich griff nach der Spule mit dem Ultrondraht und begann sanft nach unten zu gleiten.

Natürlich trugen wir unsere Gürtel, die wir auf eine Gewichtsbalance von wenigen Unzen eingestellt hatten. Die fünf

Meilen lange Ultronrolle sollte unser Führer sein. Obwohl es aus hauchdünnem Material bestand, glaube ich doch, dass es unser volles Gewicht getragen hätte, so stark und zäh war das unsichtbare Metall. Da der Draht selbst bei Tageslicht absolut unsichtbar war, hatten wir unsere Gürtel sicherheitshalber an kleinen, am Draht entlang gleitenden Ringen festgehakt.

Ich ließ mich mit dem Ende des Drahtes hinab. Wilma folgte ein paar Fuß über mir, danach kamen Barker, Gaunt und Blash. Gibbons blieb natürlich zurück, um das Schiff in Position zu halten und die Schwankungen auszugleichen. Dank der Ultrophone im Inneren unserer Flughelme konnten wir miteinander und mit Gibbons sprechen. Doch auf Wilmas Vorschlag hin stellten wir sie auf kurze Reichweite ein. Wir hätten dem Großen Chef gern die Möglichkeit gegeben, unsere Gespräche mitzuhören, fürchteten aber, dass unsere Kommunikation auch von den Verrätern, gegen die wir vorgehen wollten, empfangen wurde. Wir hatten keine Angst, dass die Han uns hören konnten. Tatsächlich hatten wir sogar den Vorteil, dass wir uns auch nach unserer Landung noch frei unterhalten konnten, ohne dass unsere Stimmen durch die Flughelme zu hören waren.

Eine Zeit lang war unter uns nichts als völlige Dunkelheit. Dann erkannte ich an der Beschaffenheit der Luft, dass wir durch eine Wolkenbank fielen. Bevor wir irgendetwas sehen konnten, durchquerten wir zwei weitere Wolkenschichten.

Zwei Meilen tiefer bot sich mir der vielleicht schönste Anblick meines Lebens: der matte und gleichzeitig blendende Glanz der gewaltigen Han-Stadt Nu-Yok. Jeder Fuß ihrer Struktur schien in wunderbarer Glut zu leuchten; Turm war auf Turm errichtet, und alles war auf der riesigen Basismasse der Stadt erbaut, die sich – so hatte man mir berichtet – über den Flüssen zu einer Höhe von 728 Ebenen erhob.

Ich bemerkte überrascht, dass die Stadt nicht die gleiche Fläche wie das New York des 20. Jahrhunderts einnahm. In der Tat belegte es gerade einmal die untere Hälfte von Manhattan, überspannte mit einem Abschnitt den East River und erstreckte sich ansonsten über das, was einmal Brooklyn gewesen war, um die großen Linienschiffe und andere Flugzeuge mit Anlegeplätzen zu versorgen.

Direkt unter meinen Füßen befand sich ein kleiner dunkler Fleck. Es schien der einzige Punkt der ganzen Stadt zu sein, der nicht in flammendem Glanz stand. Das war der Zentralturm, in dessen oberen Etagen sich die riesige Aktenbibliothek und die zentrale Projektoskopanlage befanden.

»Du kannst den Draht jetzt schießen lassen«, ultrophonierte ich Gibbons und ließ das kleine Gewicht fallen, an dem als Signal für uns ein schwaches Licht leuchtete. Es fiel wie ein Lot, und wir folgten mit beträchtlicher Geschwindigkeit, bremsten unseren Abstieg jedoch mit behandschuhten Händen ab, um zu sehen, ob wir von irgendwelchen Han-Wachen oder nächtlichen Herumtreibern bemerkt worden waren. Offenbar war das nicht der Fall, und so setzten wir unseren rasanten Abstieg fort.

Ohne Zwischenfall landeten wir – zum Glück für unsere Pläne – im Dunkeln auf dem Dach des Turms. Da es dort nichts gab, das der Mühe der Beleuchtung wert gewesen wäre, hatten die Han es unterlassen, das Turmdach anzustrahlen oder zu besetzen. Aus diesem Grund hatten wir es als Landeplatz gewählt.

Sobald Gibbons unsere Nachricht erhielt, löschte er das Licht des Gewichtes, worauf dieses – ebenso wie der Draht – vollständig unsichtbar wurde. Erst auf unser Signal hin würde er es wieder erleuchten.

»Keine Schusswaffen«, warnte ich. »Nur Schwerter, und auch dann nur, wenn absolut notwendig.«

Dicht beieinander und so leichtfüßig, wie es nur Menschen mit Inertrongürtel sein können, gingen wir vorsichtig durch die Tür und erreichten über eine geneigte Ebene die darunterliegende Etage, wo, wie Gaunt und Blash versicherten, die militärische Abteilung lag.

Zweimal ließ Barker uns vor spiegelartigen »Fenstern« im Durchgang anhalten und flach am Boden vorbei kriechen.

»Projektoskope«, sagte er. »Zu dieser späten Stunde wahrscheinlich nur eine automatische Aufzeichnung. Trotzdem wollen wir keine Spuren hinterlassen, die sie nachher auswerten können.«

»Warst du schon einmal hier?«, fragte ich.

»Nein«, antwortete er. »Aber ich habe ihre Elektrophon-Kommunikation nicht sieben Jahre lang studiert, ohne in der Lage zu sein, diese Maschinen zu erkennen, wenn ich sie vor mir sehe.«

Kapitel IX
Der Kampf im Turm

Bisher hatten wir noch keine Han gesichtet. Der Turm schien verlassen. Blash und Gaunt versicherten mir jedoch, dass wenigstens ein übermüdeter Mann in der Militärverwaltung »Dienst« haben würde, sowie zwei oder drei Mann in der Bibliothek und in der Projektoskopanlage.

»Wir müssen sie ausschalten«, sagte ich. »Hast du die Dosen mit dem Betäubungsmittel mitgebracht, Wilma?«

»Ja, zwei für jeden. Hier«, antwortete Wilma und verteilte sie.

Wir befanden uns nun zwei Stockwerke unter dem Dach und mussten uns aufteilen.

Ich wollte Wilma nicht aus den Augen lassen, doch es war notwendig.

Unserem Plan zufolge sollte sich Barker zur Projektoskopanlage begeben, Blash und ich zur Bibliothek, und Wilma und Gaunt zur Militärverwaltung.

Blash und ich durchquerten einen langen Korridor und blieben an der großen, bogenförmigen Eingangstür der Bibliothek stehen. Vorsichtig spähten wir hinein. An drei großen Schaltanlagen saßen die Administratoren der Bibliothek. Gelegentlich, während kleine nummerierte Lichter aufblitzten, griff einer von ihnen träge nach einem Hebel oder drückte schläfrig einen Knopf. Sie beantworteten die aus allen möglichen Bereichen der Stadt kommenden Anfragen nach verschiedensten Elektrograph- oder Sichtschirm-Aufzeichnungen.

Ich klärte meine Gefährten über die Situation auf.

»Warten wir besser ein bisschen«, fügte Blash hinzu. »Die Anrufe werden bald aufhören.«

Wilma meldete aus der Militärverwaltung einen tief schlafenden Offizier.

»Verpass ihm eine Dosis«, sagte ich.

Barker sollte nichts weiter tun als in der Projektoskopanlage Wache halten, und ein paar Augenblicke später meldete er, dass er sich gut versteckt hielt und einen prächtigen Ausblick auf die Etage hatte.

»Ich denke, wir können es jetzt riskieren«, sagte Blash zu mir, und auf mein Nicken hin öffnete er den Verschluss seiner Betäubungsmitteldose. Natürlich konnten die Dämpfe unsere Helme nicht durchdringen. Sie waren absolut geruchlos und unsichtbar, und wenige Sekunden später waren die Bibliothekare bewusstlos. Wir betraten den Raum.

Nun führten Gaunt in der Militärverwaltung und Blash in der Bibliothek einige vorsichtige Tests und Beobachtungen durch, während Wilma und ich mit gezogenen Schwertern und aktivierten Mikrofonen Wache hielten und gelegentlich durch die angrenzenden Korridore patrouillierten.

»Ich höre etwas näherkommen«, sagte Wilma nach einer Weile aufgeregt. »Es ist ein weiches, gleitendes Geräusch.«

»Irgendwo ist ein Aufzug«, warf Barker aus der Projektoskopanlage ein. »Kannst du es orten? Ich kann nichts hören.«

»Es ist östlich von mir«, antwortete sie.

»Und westlich von mir«, sagte ich, nachdem ich ein schwaches Geräusch wahrgenommen hatte. »Es ist zwischen uns, Wilma, und näher bei dir als bei mir. Sei vorsichtig. Habt Ihr schon irgendwelche Daten, Blash und Gaunt?«

»Wir bekommen sie jetzt herein«, antwortete einer von ihnen. »Gib uns noch zwei Minuten.«

»Dann macht weiter«, sagte ich. »Wir werden Wache halten.«

Der weiche, gleitende Ton war verstummt.

»Ich glaube, es ist sehr nahe bei mir.« Wilma flüsterte fast. »Komm her, Tony. Ich habe das Gefühl, dass irgendwas geschehen wird. Meine Nerven sind nie ohne Grund so sehr gespannt.«

Beunruhigt sprang ich mit einem langen Satz zur Kreuzung des Korridors, von wo aus ich sie sehen musste.

Mitten in meinem Sprung hörte ich im Ultrophon ihr erschrockenes Keuchen. Im nächsten Augenblick stoppte ich an der Kreuzung und sah Wilma zur Tür der Militärverwaltung zurückweichen. Ihr Schwert war rot von Blut, und eine reglose Gestalt lag auf dem Boden des Korridors. Zwei weitere Han näherten sich mit böse aussehenden Messern von der Seite, während ein dritter – der Pracht seines Anzugs nach offenbar ein hoher Offizier – verzweifelt versuchte, sein Elektrophon aus der sperrigen Tasche zu zerren. Wenn es ihm gelang, Alarm zu schlagen, konnte niemand vorhersagen, was mit uns geschehen würde.

Ich war wenigstens siebzig Fuß entfernt, aber ich duckte mich und sprang mit der ganzen Kraft meiner Beine ab. Kopfüber, und ohne die Beine anziehen zu müssen, erreichte ich den Burschen.

Sein Instinkt musste ihn gewarnt haben, denn als ich in seine Nähe sauste, drehte er sich plötzlich um. Doch in diesem Moment war ich schon zu Boden gesunken und spannte meinen Körper starr an, damit ein plötzlich angezogenes Knie oder Bein mich nicht daran hinderte, ihn zu treffen. Mit einem brutalen Streich riss ich meine Klinge nach oben und schlitzte ihn von der Leiste bis zum Kinn auf. Als ich endlich Halt fand, kippte sein toter Körper auf mich herab.

Die anderen beiden drehten sich erschrocken um. Wilma sprang auf den einen zu und streckte ihn mit einem seitlichen Hieb zu Boden. Als ich in dieser Sekunde aufschaute, war die Bestürzung über ihren langen Sprung deutlich in seinem Gesicht zu sehen. Offenbar wussten die Han nichts von unseren

Inertrongürteln, und diese Kopfsprünge erfüllten sie mit Schrecken.

Als ich blutbesudelt wieder auf die Füße kam, sprang Wilma mit einer Gelassenheit und Schnelligkeit, die ich selbst in dieser Krise bewundern musste, erneut los. Diesmal flog auch sie mit dem Kopf voran und stieß dem letzten Han einen schön ausgeführten Hieb durch die Kehle.

Unsicher krabbelte sie auf die Füße, taumelte eigenartig und sank dann sanft auf den Korridor. Sie war ohnmächtig geworden.

In diesem kritischen Augenblick meldeten Blash und Gaunt erfreut, dass sie die gesuchten Aufzeichnungen hatten.

»Alle zurück auf das Dach«, befahl ich und nahm Wilma in die Arme. Mit ihrem Inertrongürtel war sie federleicht.

Gaunt kam von der Militärabteilung zu mir, und an der Kreuzung des Korridors wartete Blash auf uns. Barker war jedoch nicht zu sehen.

»Barker, wo bist du?«, rief ich.

»Geht schon zum Dach«, antwortete er. »Ich bin gleich bei euch.«

Wir erreichten das Dach ohne weitere Panne, und ich wies Gibbons im Schiff an, das Licht am Ende des Ultrondrahtes einzuschalten. Ein paar Fuß von uns entfernt sahen wir das Signal matt aufleuchten. Wie es Gibbons gelungen war, unser Kabelende ohne große Schwingungen in Position zu halten, habe ich nie verstanden. Wäre die Nacht nicht so ungewöhnlich still gewesen, dann hätte er die anfängliche Pendelbewegung niemals kontrollieren können. Tatsächlich gab es in den jeweiligen Höhenlagen beträchtliche, in verschiedene Richtungen wehende Luftströmungen. Doch Gibbons hatte die seltene Fähigkeit, ein Raketenschiff mit wirklichem Feingefühl zu steuern, und es war ihm mithilfe seiner Instrumente gelungen, die Strömungen zu spüren und mit kleinen Positionsänderungen auszugleichen, bevor sie den feinen Ultrondraht beeinflussen konnten.

Blash und Gaunt hakten ihre Ringe an den Draht, und ich

tat das Gleiche mit meinem und Wilmas Ring. Doch als ich mich umsah, bemerkte ich, dass Barker noch immer fehlte.

»Barker, komm!«, rief ich. »Wir warten.«

»Komme«, antwortete er, und tatsächlich erschien seine Gestalt in diesem Augenblick auf der Rampe. Er kicherte, als er seinen Ring am Draht befestigte, und sagte etwas von einer kleinen Überraschung, die er für die Han zurückgelassen hatte.

»Wickle den Draht nicht weiter als ein paar hundert Fuß auf«, instruierte ich Gibbons. »Es wird zu lange dauern, ihn einzuholen. Wir steigen auf, und wenn wir an Bord sind, können wir ihn fallen lassen.«

Um aufsteigen zu können, mussten wir jeder auf ein oder zwei Pfund Gewicht verzichten. Als Gibbons das Kabel etwas aufrollte, warfen wir unsere Schwerter von uns und streiften die Schuhe ab. Dann ließen wir den Draht los und sausten mit zunehmendem Tempo an den Ringen aufwärts.

Der Luftzug brachte Wilma zu sich, und hastig erklärte ich ihr, dass wir erfolgreich gewesen waren. Tief unter uns konnte ich unser matt schimmerndes Gewicht in weitem Bogen über der schwarzen Dachfläche hin und her schwingen sehen. Als besondere Vorsichtsmaßnahme befahl ich Gibbons, das Licht abzuschalten und eines am Schiffsbauch zu aktivieren, denn unser Tempo wurde nun so hoch, dass ich um unser Wohl zu fürchten begann. Wir fielen buchstäblich nach oben.

Glücklicherweise hatten wir mehrere Minuten, um diese Schwierigkeit, die seltsamerweise niemand von uns vorhergesehen hatte, zu beseitigen. Es war Gibbons, der die Lösung fand.

»Euch wird nichts geschehen, wenn ihr den Draht fest ergreift, sobald ich das Zeichen gebe«, sagte er. »Zuerst rolle ich ihn mit voller Geschwindigkeit auf. Ihr werdet kaum eine Erschütterung spüren, und dann verringere ich die Geschwindigkeit nach und nach. Sein Gewicht wird euch zurückhalten. Seid ihr bereit? Eins – zwei – drei!«

Als er das Zeichen gab, packten wir mit unseren behandschuhten Händen fest zu. Wir mussten jedoch ein gutes Stück schneller gestiegen sein, als er gedacht hatte, denn wir spürten einen starken Ruck in den Armen, und das Manöver löste eine scheußliche Pendelbewegung aus.

Eine Weile konnten wir nichts anderes tun, als in einem weiten Bogen dreieinhalb Meilen über der Stadt zu schwingen, mehr als eine Meile vom Schiff entfernt.

Als unser Schwung das Kabel nach oben riss, sprang Gibbons geschickt ein. Dann hatten wir uns endlich wieder unter Kontrolle und setzten den Aufstieg fort, wobei wir unser Tempo ein wenig mit den Handschuhen reduzierten.

Jeder von uns stieß einen großen Seufzer der Erleichterung aus, als wir durch die Luke in die Sicherheit des Schiffes kletterten, das Ultronkabel abstreiften und die Klappe zuschlugen.

Nicht ahnend, welch schrecklichere Erfahrung uns noch bevorstand, diskutierten wir die Informationen, die Blash und Gaunt aus den Han-Aufzeichnungen gewonnen hatten, und ob es ratsam war, Hart sofort per Ultrophon zu verständigen.

Kapitel X
Die Mauern der Hölle

Wie es schien, handelte es sich bei den Verrätern um die Sinsings, eine degenerierte Gruppe von Amerikanern, die ein paar Meilen nördlich von Nu-Yok an den bewaldeten Ufern des Hudson lebten. Sie hatten den Han Informationen geliefert und als Gegenleistung mehrere alte Repellormaschinen bekommen, sowie das Recht, sich in die elektronischen Übertragungen der Han einzuklinken – vorausgesetzt, dass sich ihre Schiffe während des Fluges den Befehlen des Han-Verkehrsamtes unterordneten.

Die anderen wollten diese Neuigkeiten sofort senden, denn es bestand immer die Gefahr, dass wir nicht zur Gruppe zurückkehren konnten.

Doch ich widersprach. Die Sinsings würden unsere Nachricht sicherlich auffangen. Selbst wenn wir den Richtungsprojektor benutzten, konnten sie Kundschafter im Westen, Süden oder in den gemeinsam genutzten Landstrichen dazwischen haben. Sie würden nach Nu-Yok fliehen und ihrer gerechten Strafe entgehen. Um anderen schwachen amerikanischen Gruppen ein Beispiel zu geben, war es von entscheidender Bedeutung, dass das nicht geschah und dass wir eine Krise verhinderten, in der sie weitere wichtige Informationen mit dem Feind klären konnten.

»Fliegen wir wieder zum Meer«, befahl ich Gibbons. »Es ist unwahrscheinlich, dass sie uns in dieser Richtung suchen.«

»Sachte, Chef, sachte«, antwortete er. »Warte, bis wir ein paar Meilen höher sind. Inzwischen müssen sie unseren Überfall entdeckt haben, und ihr D-Strahl kann jeden Augenblick losgehen.«

Noch während er sprach, taumelte das Schiff seitlich nach unten weg.

»Da haben wir's«, schrie er. »Wartet mal alle. Wir gehen mit der Nase direkt nach oben.« Und er riss die Steuerung des Raketenmotors weit herum.

Als ich durch eine der hinteren Luken sah, konnte ich einen nebulösen, leuchtenden Ring sehen, und dann ging die Atmosphäre in ein schwaches Glimmen über.

Wir befanden uns fast über dem zerstörerischen Bereich der Desintegrationsmauer, einem Hohlzylinder der Vernichtung, der sich aus dem die Stadt umgebenden Ring von Generatoren erhob. Er war das zentrale Verteidigungssystem der Han, das – von periodischen Tests abgesehen – noch nie im Einsatz gewesen war. Es war ungewiss, ob sie den Verdacht hatten, dass sich ein amerikanisches Raketenschiff innerhalb des Zylinders befand. Möglicherweise hatten sie ihre Generatoren nur aus Vorsicht eingeschaltet, um jedes Erreichen einer Position über der Stadt zu verhindern.

Doch selbst in unserer momentanen Flughöhe waren wir in großer Gefahr. Es war die Frage, wie sehr uns die Strahlen schaden konnten, denn ihre effektive Reichweite betrug nicht mehr als sieben oder acht Meilen. Die große Gefahr lag im schrecklichen Sog, der innerhalb des Zylinders entstand, als frische Luft den Sauerstoff ersetzen musste, der beim Dauerbetrieb der Desintegratoren verbrannt wurde. Die Luft stürzte mit der Kraft eines Sturms in den Zylinder. Auch von außen drang sie mit schrecklicher Gewalt gegen die Mauer, doch im Inneren wurde der Effekt natürlich verstärkt.

Unser Schiff vibrierte und zitterte. Es gab nur einen Ausweg – wir mussten uns direkt über der Strömung durchkämpfen. Wurden wir nach unten abgetrieben, mussten wir letztlich und zwangsläufig an einem tieferen Punkt in die Zerstörungsmauer gesaugt werden.

Doch dann zeigten unsere Messgeräte, dass wir langsam und ruckartig höher stiegen, und nach einer Stunde verzweifelten Kampfes waren wir aus dem Mahlstrom heraus und in die dünneren oberen Luftschichten gelangt. Der Schrecken unter uns war durch die dichten Wolkenformationen nicht mehr zu sehen.

Gibbons brachte das Schiff auf einen geraden Kurs zurück und steuerte es nach Osten in einen der schönsten Sonnenaufgänge meines Lebens.

Wir beschrieben einen langen, weiten Kreis nach Süden und Westen, denn er hatte seine Raketenmotoren abgeschaltet, um sie so weit wie möglich zu schonen. Wir hatten unsere Treibstoffreserven während des Kampfes mit den Elementen enorm beansprucht. Für einen Augenblick klärte sich die Atmosphäre auf, und wir konnten die Küste von Jersey wie eine gewaltige Karte unter uns liegen sehen.

»Wir sind noch nicht durch«, bemerkte Gibbons plötzlich, deutete auf sein Periskop und stellte es auf einen teleskopischen Fokus ein. »Ein Han-Jäger, und er hat uns gesehen. Falls er diesen Strahl auf uns peitscht, sind wir erledigt.«

Ich starrte fasziniert auf den Sichtschirm. Was ich sah, war ein zigarrenförmiges Schiff, in Gestalt und Größe unseren Sturzfliegern nicht unähnlich. Wir erfuhren später, dass die Jäger meist nur drei oder vier Mann Besatzung trugen. Der Rumpf war stromlinienförmig, und der Schweif bestand aus frei drehbaren, doppelten Fischschwanzrudern. Mit ihren kraftvollen Repellorstrahlen konnten sie in große Höhen aufsteigen, wo sie schnell Fahrt aufnahmen, entweder in gerader Richtung oder in geneigter Flugbahn, bei der sie die Repellorstrahlen manchmal in spitzem Winkel benutzten. Der Jäger war bereits über uns, allerdings mehrere Meilen nördlich. Er konnte natürlich versuchen, sich an unsere Fersen zu heften und uns mit seinem Strahl »aufzuspießen«, wenn er sich aus großer Höhe auf uns stürzte.

Plötzlich flammte sein Strahl in einem blendenden Blitz auf und peitschte langsam zu unserer Rechten herab. Dabei vollzog er eine eigentümliche korkenzieherartige Bewegung, offenbar um seinen Strahl spiralförmig auf uns auszurichten.

Gibbons ließ unser Schiff sofort eine Reihe von Manövern durchlaufen, die uns vermutlich wie eine verängstigte Henne aussehen ließen. Er benutzte den Schub der Vorwärts- und Rückwärtsraketen abwechselnd und in verschiedener Stärke. Wir flatterten mit unsicheren Bewegungen, wir schossen plötzlich nach rechts und links oder fielen wie ein Senkblei in die Tiefe. Doch die ganze Zeit stieß der Han-Jäger auf uns herab, wobei er die Luft um uns herum zielstrebig mit seinem Strahl peitschte. Einmal durchschnitt er die Luft direkt unter uns, nicht mehr als hundert Fuß entfernt, und wir stürzten taumelnd in das Luftloch, das durch die Zerstörung des Äthers entstanden war.

Nun war er nicht weiter als eine Meile entfernt, und als das Ende kam, flog er mit Projektilgeschwindigkeit auf uns zu. Gibbons schwor später, dass es reines Glück war. Vielleicht war es das, doch ich mag Piloten, die auf diese Weise glücklich sind.

Mitten in einem unserer schwindelerregenden, flatternden Manöver, als das Han-Schiff schrecklich schnell näher kam und sein langsam schneidender Strahl jeden Augenblick die sichere Zerstörung bringen musste, sah ich Gibbons' Finger zum Hebel seiner Raketenpistole schnellen, und einen Sekundenbruchteil später flog das Han-Schiff wie eine Tontaube auseinander.

Eine Weile schwankten und flatterten wir wie verrückt, während Gibbons sich bemühte, unser Schiff ins Gleichgewicht zu bringen. Ein etwa vier Quadratfuß großer Bereich an der Seite der hinteren Schiffshülle zerbröckelte wie rostiges Metall. Sein Strahl hatte uns tatsächlich berührt, doch unsere Rakete hatte ihn um den Bruchteil einer Sekunde früher erwischt.

Ein Teil unseres Ruders war zerstört und der Motor beschädigt worden, doch wir waren in der Lage, gemächlich über Jersey zurückzufliegen. Glücklicherweise begegneten wir beim Passieren der Schiffsrouten keinen weiteren Han-Schiffen mehr, sodass wir schließlich auf einer kleinen Lichtung unter den Bäumen, nahe Harts Lager, landen konnten.

Kapitel XI
Der neue Chef

Wir hatten unsere Ankunft per Ultrophon gemeldet, und der Große Chef stand mit seinem Konzil bereit, uns willkommen zu heißen und unsere Neuigkeiten zu hören. Im Gegenzug wurden wir darüber informiert, dass uns in der letzten Nacht eine Bande Bad Bloods angegriffen und mehrere unserer Lager zerstört hatte. Sie hatten sich mit den Wappen der Altoonas getarnt, einer Gruppe, die in einiger Entfernung westlich von uns lebte. Offenbar war es ihre Absicht gewesen, uns mit den Altoonas zu verfeinden, doch glücklicherweise hatte einer unserer Gäste den Anführer der Bad Bloods unter den Toten erkannt.

Der Große Chef hatte die volle Angriffskraft der Gruppe mobilisiert und war im Begriff, einen Feldzug zur Ausrottung der Bad Bloods anzuführen.

Ich sah den grimmigen Ausdruck in den Gesichtern der Unterchefs und verstand, dass das Schicksal Amerikas in diesem Augenblick in ihren Händen lag. Ihr Temperament verlangte, dass wir sofort alles daran setzten, uns für diesen Überfall zu rächen. Doch für mich war die sofortige und absolute Auslöschung der Sinsings eine strategische Notwendigkeit. Nach allem was wir wussten, konnte es nur noch eine Sache von Stunden sein, bevor diese unwürdigen Menschen unsere ultronischen Geheimnisse an die Han verkauften.

»Wie groß ist unsere Streitmacht?«, fragte ich Hart.

»Alle Männer und Frauen, die ich aufbringen kann«, antwortete er. »Das macht siebenhundert verheiratete und unverheiratete Männer, und außerdem dreihundert Mädchen – mehr als die ganze Gruppe der Bad Bloods. Alle sind mit Gürteln, Ultrophonen, Raketenpistolen und Schwertern ausgerüstet, und sie kämpfen wie verrückt.«

Ich überlegte, wie ich diesen entschlossenen Männern meinen Standpunkt beibringen sollte und war mir vage bewusst, dass sie gespannt auf meine Worte warteten.

Dann begann ich zu sprechen. Bis heute kann ich mich nicht daran erinnern, was ich sagte. Ich sprach ruhig und mit nötigem Respekt für ihre Leidenschaft, doch mit tiefer Überzeugung. Ich ging die Informationen, die wir gesammelt hatten, Punkt für Punkt durch, baute meine Rede logisch auf und malte ein entsetzliches Bild der Gefahr, die von diesem Bündnis zwischen den Sinsings und den Nu-Yoker Han ausging. Ich wurde von Leidenschaft erfüllt und schloss, so glaube ich, mit dem Schwur, eigenhändig gegen die Erbfeinde unserer Rasse vorzugehen, »wenn den Wyomings ihr blinder Bandenkrieg wichtiger war als Pflicht und Ehre und die Hoffnung ganz Amerikas.«

Als ich fertig war, überkam mich eine große Ruhe, als ginge mich das alles nichts an. Ähnlich hatte ich mich schon während mancher Krisen im Ersten Weltkrieg gefühlt. Umherschauend versuchte ich in ihren Gesichtern zu lesen und war fest entschlossen, keine weiteren Heldentaten zu wagen, falls die Entscheidung gegen mich ausfiel.

Doch es war Hart, der die Stimmung der Ratsversammlung

schneller als ich erkannte und darüber hinaus in die Zukunft sah. Er erhob sich von seinem Baumstamm.

»Damit steht es fest«, sagte er und sah sich in der Runde um. »Ich habe das nun schon eine ganze Weile kommen gesehen. Ich bin sicher, der Rat wird mir zustimmen, dass unter uns ein Mann ist, der mehr als ich zur Führung der Wyominggruppe befähigt ist, obwohl er viel zu wenig Zeit hatte, um sich mit unseren modernen Möglichkeiten und Einrichtungen vertraut zu machen. Was auch immer ich tun kann, um seine Führerschaft zu unterstützen, ich werde es tun, koste es was es wolle.«

Dann ging er auf mich zu, nahm den grün verzierten Helm, der sein Amtszeichen war, vom Kopf und legte ihn zu meiner Überraschung in meine mechanisch ausgestreckte Hand.

Das Getöse der Zustimmung, das nun aus der Ratsversammlung aufstieg, betäubte mich beinahe. Irgendwer ultrophonierte die Nachricht an den Rest der Gruppe, und obwohl die Ohrenklappen meines Helms aufgebunden waren, konnte ich den Jubel, mit dem meine unsichtbaren Anhänger mich grüßten, von nahen und fernen Berghängen, Lagern und Fabriken hören.

Zuerst musste ich sicherstellen, dass der Ultrophonchef bei der Benachrichtigung der Gruppe weder meine Ansprache sendete noch meinen Plan erwähnte, statt der Bad Bloods die Sinsings anzugreifen. Ich war erleichtert, als er mir versicherte, nichts dergleichen getan zu haben, denn das hätte den ganzen Plan ruiniert. Alles hing davon ab, dass es uns gelang, die Sinsings zu überraschen.

Also verpflichtete ich den Rat und meine Gefährten zur Geheimhaltung, sodass man annehmen musste, unser Aufbruch zu den Bad Bloods stehe kurz bevor.

Diese Truppe muss es schrecklich mit der Angst zu tun bekommen haben, wenn man sah, wie sie den Äther mit ihren Alibis und ihrer Propaganda überfluteten. Es war ihr altes Spiel und die einzige Methode, mit der sie die Ausrottung durch ihre unmittelbaren Nachbarn verhindert hatten – dieser Appell an den Geist der amerikanischen Bruderschaft, den sie jedes Mal an Gruppen geschickt hatten, die zu weit entfernt lebten, um die gleiche Erfahrung mit ihnen gemacht zu haben wie wir.

Ich lachte. Das war ein weiterer guter Grund für meine Planänderung. Hätten wir tatsächlich die Ausrottung der Bad Bloods vorgehabt, dann wäre es schwer gewesen, alle Gruppen davon zu überzeugen, dass wir nicht überstürzt und ungerecht handelten. Eifersüchteleien und Vorurteile existierten. Es gab Gangs, die im Zweifel eher den Bad Bloods als uns glauben würden, und inzwischen war die ganze Angelegenheit hoffnungslos von den schlauen Lügen überschattet, die in endloser Folge gesendet wurden.

Doch die Vernichtung der Sinsings wäre etwas ganz anderes. Vor allem, so hoffte ich, würde es keine Warnung für sie geben, bis es zu spät war. Außerdem gäbe es mit ihren Repstrahl-Schiffen und anderen Utensilien einen unbestreitbaren Beweis, dass sie mit den Han verkehrten; und der Handel mit dem Feind war zu jener Zeit eine noch abscheulichere Sache als der brutalste Bandenkrieg.

Ich berief sofort eine Exekutivsitzung des Rates ein. Ich brauchte einen Überblick über unsere militärischen Mittel.

Dann gründete ich eine neue Abteilung, deren Vorsitz der »Kontrollchef« haben sollte, und wies Ned Garlin diesen Posten zu. Gleichzeitig übergab ich seine frühere Verantwortung als Fabrikchef an seinen Stellvertreter. Ich wusste, dass ich jemanden brauchte, bei dem die Fäden der verschiedenen funktionalen Aktivitäten der Kampagne zusammenliefen und der mir die Arbeit abnahm, die entsprechenden Aufzeichnungen auf dem aktuellen Stand zu halten.

Ich erhielt Berichte von den Chefs der ultrophonischen Einheit, sowie aus den Bereichen Nahrungsmittel, Transport, Kampfausrüstung, Chemie, Elektronische und Elektrophonische Aktivitäten, Ultroskope, Luftpatrouille und Kontaktwache.

Meine Vorstellung der Kampagne war natürlich etwas von

meinen Erfahrungen aus dem 20. Jahrhundert geprägt, und ich stand vor der Aufgabe, unseren Stab nach den besten und am leichtesten anzuwendenden Prinzipien der geschäftlichen und militärischen Effizienz und Machbarkeit zu organisieren.

Was ich wollte, war eine stärker spezialisierte Organisation, die nach folgenden Funktionen gegliedert war: Überwachung der Sinsing-Aktivitäten, Überwachung der Han-Aktivitäten, Optimierung der Kommunikation mit unseren eigenen Einheiten, Kooperation der Einsatztruppen, sowie die vollständige Mobilisierung von Hilfsgütern und Ressourcen.

Mehrere Stunden harter Arbeit im Konzil waren nötig, um einen Plan zu erstellen. Zuerst wiesen wir jeder »Division« genau die funktionalen Experten und die Ausrüstung zu, die sie benötigten. Durch die neuen Abteilungsleiter wurden diese wiederum den Einsatztruppen nach Bedarf zugeteilt und als unabhängige oder als Zentraleinheiten betrachtet. Die beiden Überwachungseinheiten wurde als »Weiße« und »Gelbe« bezeichnet, was darauf hinwies, dass die eine auf den amerikanischen Feind und die andere auf die Mongolen spezialisiert war.

Die Division, die für unsere eigene Kommunikation, die Zuweisung der Ultrophonfrequenzen und die Betreuung der Operatoren und der Geräte zuständig war, nannte ich einfach »Kommunikation«.

Ich ernannte Bill Hearn zum Einsatzleiter, was ihn für die zentralen und unabhängigen Kampfeinheiten verantwortlich machte, sowie für die Ressourcenabteilung. Die Verantwortung für unsere Luftfahrzeuge und für die Transport- und Versorgungsprobleme wies ich den »Ressourcen« zu. Die Funktionalchefs blieben bei dieser Abteilung.

Schließlich vervollständigten wir unsere Organisation mit der Zuordnung von Kontaktpersonen zwischen den verschiedenen Abteilungen.

Somit bestand das Personal unseres Hauptquartiers aus den Divisionsleitern, die direkt an den Kontrollchef Ned Garlin oder an meine persönliche Assistentin Wilma berichteten. Und jeder Divisionsleiter hatte seinen eigenen kleinen Mitarbeiterstab.

Als ich schließlich unser Personal und unsere Ressourcen zusammenzählte, kam ich auf etwa tausend Soldaten, von denen etwa dreihundertfünfzig der Serviceabteilung angehörten, der Rest gehörte zu Bill Hearns Felddivision. Letztere Zahl wurde allerdings durch die Zuordnung verschiedener kleiner Einheiten zu den unabhängigen Diensten reduziert. Wenn wir zur Tat schritten, musste die tatsächlich verfügbare Kampftruppe insgesamt etwa fünfhundert Mann stark sein.

Wir hatten nur sechs kleine Sturzflieger, doch seit unserem Angriff auf Nu-Yok hatte ich einen genialen Plan im Kopf, der diese Zahl ausreichend erscheinen ließ, denn die Inertronreserven waren größer als erwartet. Wenn die Ressourcenabteilung die Versorgungskisten ein wenig enger packte und zusätzliche Inertronblöcke hinein schob, konnte sie deren Gewicht auf wenige Unzen reduzieren. Diese konnte man leicht schweben und in beliebiger Zahl von den Fliegern schleppen lassen. Mit Ultronkabeln verbunden, war es nahezu unmöglich, dass sie sich losrissen.

Das gesamte Personal war natürlich mit Springern ausgestattet, und wenn jeder Mann und jedes Mädchen darauf achtete, die Balance ordentlich anzupassen, dann konnte die ganze Truppe durch die Luft geschleppt werden, indem sie sich an Ultrondrähten hinterher ziehen ließ.

Vom Luftwiderstand bei hohen Geschwindigkeiten abgesehen sollte es nicht allzu anstrengend sein, denn die Belastung konnte nicht größer sein, als trüge man ein ein- oder zweipfündiges Gewicht in der Hand. Doch um ganz sicherzugehen, dass uns keiner der Mannschaft verloren ging, gab ich den strikten Befehl, die Gürtel und Schleppseile mit Ringen und Haken auszustatten.

Die Effizienz der grundlegenden Organisation und die Disziplin der Gruppe waren so groß, dass wir bei Einbruch der Nacht unterwegs waren.

Nach und nach erhoben sich die Flieger in die Luft; jedem von ihnen folgte ein langer »Drachenschwanz« aus Menschen und Versorgungskisten. Der Einfachheit halber waren die Schleppseile aus einer Legierung hergestellt, die – im Gegensatz zum Metall an sich – sichtbar war.

Zuerst hingen diese »Schwänze« nach unten, doch als die Schiffe in Formation gingen, sich ostwärts zum Land der Bad Bloods wandten und immer schneller wurden, begannen sie sich in die Länge zu ziehen. Unter jedem der Schiffe schwangen an stark belasteten Seilen Ultroskop-, Ultrophon- und Direktbeobachter, während sich die Administratoren in den Schiffen über ihre Instrumententafeln und Sichtschirme beugten.

Wilma und ich überließen Kontrollchef Ned Garlin einstweilen die Verantwortung, warfen ein beschwertes Seil vom Schiff und rutschten den halben Weg zum unteren Ausguck hinab, also auf etwa tausend Fuß Höhe. Das Gefühl, auf diese Weise schnell durch die Luft zu schweben und mich ganz auf die Sicherheit des Inertrongürtels zu verlassen, bereitete mir unendliche Freude.

Als der Feldzug das Gebiet der Bad Bloods erreichte, stiegen wir wieder zum Flieger hinauf und bereiteten den Beschuss vor. Ich wollte unbedingt den Anschein erwecken, den Angriff wie ursprünglich geplant auszuführen.

Unsere Schiffe stoppten etwa fünfzehn Meilen von ihren Lagern entfernt und behielten ihre Position für eine Weile im Leerlauf bei. So hatten die Operatoren der Ultroskope die Gelegenheit zur sorgfältigen Untersuchung des unter uns liegenden Gebietes, denn es war sehr wichtig, dass der nächste Schritt des Programms in aller Heimlichkeit ausgeführt wurde.

Endlich meldeten sie das Gelände vollkommen menschenleer, und eine Waffeneinheit Langstreckenspezialisten wurde mit einem Dutzend Raketengewehren herabgelassen. Auf meinen Wunsch hin hatte die Ressourcenabteilung sie ein paar Stunden vor unserer Abreise mit speziellen automatischen Geräten ausgerüstet, die der Zielerfassung und Zeitmessung dienten. Nach sorgfältiger Berechnung von Reichweite, Höhe und

Raketenladung wurden die Waffen in einer Schlucht verborgen zurückgelassen und die Männer wieder an Bord gezogen. Zur vorherbestimmten Stunde würden diese unbemannten Kanonen den automatischen Beschuss der Hügel der Bad Bloods beginnen, wobei sie wie die Artilleriegeschütze des Ersten Weltkrieges nach jedem Schuss das Ziel und die Höhenlage leicht veränderten.

In der Zwischenzeit wandten wir uns zwanzig Meilen nach Süden, landeten und warteten auf den Beginn der Bombardierung, bevor wir versuchen konnten, uns über die Schiffsroute der Han zu schleichen. Ich verließ mich darauf, dass der Beschuss die Han-Beobachter von uns ablenken würde.

Gespannt warteten wir, doch die Angelegenheit lief wie geplant; unser Geschwader trieb in ausreichender Höhe über die Route, sodass unser Schiffsschwanz aus Truppen und Versorgungskisten freie Bahn hatte.

Als wir am Strand von Jersey die Schiffsroute überquerten, glückte es uns leider nicht, der Entdeckung zu entgehen. Ein Han-Schiff kam auf niedriger Höhe herangeprescht. Wir nahmen es auf unseren elektronischen Ortungsgeräten wahr und erkannten es auch mit den Ultroskopen, doch es kam so schnell und so tief heran, dass es besser schien, an der Stelle, wo wir das zweite Mal gelandet waren, still liegen zu bleiben, anstatt aufzubrechen und vor ihnen zu kreuzen.

Die Sache war die: Die Han besaßen keine solchen Geräte wie unsere Ultroskope, mit denen man (in gewissen Grenzen) im Dunkeln sehen konnte, und ihre elektronischen Instrumente waren praktisch unfähig, uns zu orten, da alle künstlichen elektronischen Aktivitäten (außer bei den schwer aufzuspürenden Elektrophonempfängern) sorgfältig von unseren Maschinen eliminiert worden waren. Dennoch besaßen die Han einige hochempfindliche Schallgeräte, die bei schönem Wetter mit großer Effizienz arbeiteten, auch wenn das »Bodenrauschen«, das Aufsteigen bestimmter Töne von der Erdoberfläche, ihre Apparate gewaltig durcheinanderbrachte.

Trotzdem musste das Schiff mit seinen sensiblen Apparaten

einige schwache Geräusche von uns empfangen haben, denn wir hörten, wie seine elektronischen Geräte ansprangen und einen Routinebericht an den Kommandanten des Basisschiffs sendeten. Doch aus der Art der Unterhaltung entnahm ich, dass sie das Geräusch nicht identifiziert hatten, und dass sie viel mehr an den Detonationen interessiert waren, die sie jetzt etwa sechzig Meilen westlich aus dem Land der Bad Bloods auffingen.

Gleich nachdem das Schiff vorbeigeschossen war, stiegen wir wieder in die Luft und folgten etwa der gleichen Route wie in der Nacht zuvor, erklommen einen langen Halbkreis über dem Ozean, schwangen uns nach Norden und schließlich nach Westen. Allerdings nahmen wir jetzt Kurs auf das Sinsing-Land nördlich von Nu-Yok, und nicht auf die Stadt selbst.

Kapitel XII
Der Finger des Schicksals

Als wir den Hudson River ein paar Meilen nördlich der Stadt überquerten, setzten wir mehrere Einheiten der Gelben Überwachungsdivision mit voller Ausrüstung ab. Ihre Gerätekisten waren mit ein paar Unzen Gewicht ordentlich ausbalanciert, und die Männer nutzten ihre Umhänge wie Fallschirme, um den Sturz zu verlangsamen.

Ein Stückchen weiter oben überquerten wir den Fluss erneut und begannen damit, Weiße Überwachungseinheiten und ein paar Lang- und Kurzstreckeneinheiten abzusetzen. Dann hielten wir die Position bis die Berichte eintrafen. Nach und nach kreisten wir das Revier der Sinsings ein; unsere Beobachtungseinheiten arbeiteten eifrig an ihren Positionsanzeigen und Teleskopen in der Luft und am Boden, bis Garlin sich schließlich mit der Bemerkung an mich wandte:

»Der Kreis ist nun komplett, Chef. Wir haben ihr Gebiet vollständig umstellt.«

»Lass mich mal sehen«, antwortete ich und studierte die

Karte auf dem erleuchteten Sichtschirm, auf dem kleine überlappende Lichtkreise die Punkte markierten, die nach ultroskopischer Beobachtung frei von Feinden waren.

Ich nickte Bill Hearn zu. »Du kannst weitermachen«, sagte ich, »und deine Sperrfeuertruppen positionieren.«

Er sprach in sein Ultrophon, und drei der Schiffe begannen weiträumig um das Feindgebiet zu kreisen. Alle paar Sekunden, sobald der Befehl des Chefs der Einheit kam, warf einer der Schützen das Kabel ab, öffnete den Verschluss seines Fallschirm-Umhangs und verschwand im Dunkel unter uns.

Bill formierte zwei Reihen, parallel und gegenüber dem Fluss, und schloss das ganze Feindgebiet dazwischen ein. Darüber und darunter lagen zwei Verteidigungslinien, die nur dazu dienten, die Position zu halten. Die anderen sollten näher aneinander heranrücken und eine hochexplosive Sperrmauer fünf Meilen voraus schieben. Wenn sich die zwei Barrieren trafen, sollten beide Reihen ein Sperrfeuer mit kurzer Reichweite eröffnen und damit fortfahren, jeden Feind einzuschließen, dem es vielleicht gelungen war, den zuvor errichteten Feuervorhang zu durchstoßen.

In der Zwischenzeit behielt Bill seine Reserve, eine handverlesene Truppe von hundert Mann (die gleichen, die Hart und mich beim Kampf gegen die Han-Schwadron begleitet hatten), in der Luft und teilte sie gleichmäßig auf die »Drachenschwänze« der vier Schiffe auf.

Ein letzter Aufruf an alle Einheiten, Kompanien und Divisionen zeigte noch einmal, dass sich unsere Streitkräfte in Position befanden. Die Han blieben inaktiv, und auch ihre Funksprüche zeigten kein Zeichen des Verdachts gegen unseren Feldzug. Auch gab es keine Anzeichen, dass die Sinsings von dem Schicksal wussten, das wir ihnen zugedacht hatten. Aus dem Zentrum ihres Lagers wurde der Leerlauf von Repstrahl-Generatoren gemeldet; offensichtlich gehörte er zu den Schiffen, die sie von den Han als Lohn für ihren Verrat bekommen hatten.

Wieder gab ich das Signal, und Hearn leitete den Befehl an seine Untergebenen weiter.

Weit unter uns und mehrere Meilen nach rechts und links tauchten die beiden Sperrfeuerlinien auf. Aus der großen Höhe, in die wir aufgestiegen waren, erschienen sie wie glänzende, glitzernde Lichtschlangen, und die Entfernung dämpfte die Explosionen zu einer Art von polterndem, fernem Donner. Hearn und seine Assistenten waren sehr beschäftigt: Sie maßen, sie berechneten, sie warfen den Kommandanten Ultrophonbefehle zu und bewirkten damit, dass die Linien begradigt und Lücken in der Barriere geschlossen wurden.

Der Chef der Weißen Division meldete die äußerste Verwirrung in der Organisation der Sinsings. Wie zu erwarten, war diese eine ineffiziente, undisziplinierte Gruppe, die wiederholte Hilferufe an benachbarte Gruppen schickte. Sie vergaßen vollkommen, dass die Mongolen seit vielen Generationen keine Sprengstoffe mehr benutzt hatten und kamen zu dem Schluss, dass sie von den Han angegriffen wurden. Trotz der nervösen elektrophonischen Anfragen der Han, die den Schlachtenlärm offensichtlich hören konnten und dessen Quelle zu lokalisieren versuchten, beharrten ihre verzweifelten Funksprüche auf diesem Gedanken.

An diesem Punkt kam der Sturzflieger ins Spiel, den ich südwärts zur Stadt geschickt hatte; er diente als Ablenkung und sollte uns die Han vom Hals halten. Sein »Drachenschwanz« war mit Langstreckenschützen beladen. Unsichtbar hingen sie in der Dunkelheit und bombardierten die Stadt aus einer Entfernung von etwa fünf Meilen mit den stärksten Explosivgeschossen, die wir hatten. Mit einer ganzen Stadt vor Augen und mit dem Ziel, unabhängig vom tatsächlichen Schaden so viel Aufruhr wie möglich darin zu erzeugen, war es den Schützen ein Leichtes, ins Schwarze zu treffen. Ich konnte das Glühen der Stadt sehen, und das stechende Aufblitzen explodierender Raketen. Schließlich griffen die verunsicherten Han auf eine Verteidigungsstrategie zurück und aktivierten ihren »Höllenzylinder«, jene Wand aus aufwärtsgerichteten Desintegrationsstrahlen. Dies beendete natürlich unser Bombardement. Die

Strahlen bildeten eine perfekte Verteidigungswaffe und vernichteten unsere Raketen, sobald sie eintrafen.

Falls sie vor der Aktivierung der Strahlen keine Schiffe losgeschickt hatten, und falls sich auch keine in der Nähe befanden, dann konnte alles gut gehen.

Ich befragte Garlin darüber, doch er versicherte mir, dass die Gelben Aufklärer innerhalb von 800 Meilen keine Spur von Han-Schiffen entdeckt hatten. Dies ließ uns vermutlich für eine Weile freie Hand, da die meisten ihrer Instrumente nichts oder fast nichts durch die Todesmauer aufspüren konnten.

Ich forderte einen der Sichtschirme des Zentralschiffes an, sowie die Dienste eines erfahrenen Operators. Ich befahl ihm, das Gerät auf die unter uns liegenden Linien zu fokussieren, denn ich brauchte eine Nahaufnahme der Männer im Einsatz.

Er begann seine Steuerung zu betätigen, und chaotische Schatten bewegten sich schnell über den Schirm, wurden scharf, verblassten wieder, bis er eine Einstellung fand, die mir ein etwa hundert Fuß breites Stück des Waldbodens zeigte. Äste ragten ins Bild, und das Laub der Bäume erschien wie ein Schatten, der ein paar Fuß über dem Boden mit der Wirklichkeit verschmolz.

Ich sah, wie ein Mann sein Langgewehr geschickt anlegte. Als er das hohe Stativ anpasste, auf dem die lange Röhre lag, spitzten sich seine Lippen wie zu einem Pfiff. Schnell drehte er die Knöpfe und regulierte dadurch das Ziel und die Höhe seiner Waffe. Dann holte er einen Munitionsgürtel, der an sich schon schwer genug aussah, um das spindeldürre Stativ zusammenbrechen zu lassen, aus der großen Kiste, schob sein Ende in das Schloss der Röhre und drückte die korrekte Tastenkombination.

Dann trat er beiseite und blickte aufmerksam durch die Bäume. Nicht das leiseste Zittern schüttelte die Röhre, doch ich wusste, dass sie im Abstand von etwas weniger als einer Sekunde kleine Geschosse ausstieß, die mit kontinuierlich reduzierter Schubkraft in die Luft stiegen, um exakt fünf Meilen voraus hinabzufallen und mit der Wucht der auch im Ersten Weltkrieg benutzten Achtzollgranaten zu explodieren.

Ein anderer Schütze, fünfzig Fuß rechts von ihm, winkte und rief ihm etwas zu. Dann hob er seine eigene Röhre und das Stativ auf, schätzte die Entfernung zwischen den Bäumen und die Höhe ihrer niedrigsten Äste, beugte sich ein wenig vor, spannte die Muskeln und sprang fünfundzwanzig Fuß weit. Der nächste Sprung brachte ihn noch einmal fünfundzwanzig Fuß voran, wo er begann, seine Apparatur aufzubauen.

Dann befahl ich meinem Beobachter, direkt auf die Barriere umzuschalten. Er bekam eine Naheinstellung herein, doch diese zeigte nichts außer einer dauernden Folge blendender Blitze, deren Widerschein das ganze Schiffsinnere erhellte. Ein Fokus auf achthundert Fuß erwies sich als besser. Ich hatte geglaubt, dass die französische und amerikanische Artillerie des 20. Jahrhunderts bereits den Gipfel der Präzision erreicht hatte, doch ich hatte nie etwas gesehen, das der Genauigkeit dieser Reihe fürchterlicher Explosionen gleichkam. Stetig bewegte sie sich voran, mähte Bäume nieder, wie eine Sense Gras schnitt (zumindest vor fünfhunder Jahren), und wühlte die Erde und die zersplitterten Überreste der Waldriesen bis zu einer Tiefe von zwanzig Fuß auf.

Inzwischen näherten sich die beiden Feuervorhänge einander, diese Reihen strahlender, schimmernder, anhaltender Zerstörung, und schlossen die von Panik ergriffenen Sinsings unweigerlich zwischen sich ein.

Als ich noch zusah, gaben ein paar von ihnen die vergeblichen Versuche auf, ihre drei Repstrahl-Maschinen in die Luft zu bekommen, und stürzten sich in den mahlenden Mob hinaus.

Ich befragte den Kontrollboss sehr genau über die Sinnlosigkeit dieses Versuchs und erfuhr, dass die Han, offenbar im Zweifel über die Vorgänge, weiterhin auf Nummer sicher gingen. Da sie fürchteten, dass die den Sinsings überlassenen Schiffe gegen sie eingesetzt werden könnten, hatten sie ihre Übertragungen abgebrochen und alle östlich der Alleghenies befindlichen Schiffe zum Boden zurückbefohlen.

Wieder wandte ich mich meinem Sichtschirm zu, der noch immer auf den Zentralbereich der Sinsingwerke fokussiert war. Die Verwirrung der Verräter lag nur in ihrer Angst begründet, denn unser Sperrfeuer hatte sie noch nicht erreicht.

Manche von ihnen setzten ihre Langgewehre an und feuerten aufs Geratewohl über die Barriere, dann gaben sie es auf. Sie erkannten, dass sie kein Ziel hatten, auf das sie schießen konnten, denn sie wussten nicht, ob sich unsere Schützen ein paar hundert Fuß oder mehrere Meilen dahinter befanden.

Ihre wenigen mit Ultrophonen ausgerüsteten Männer standen in angespannter Haltung herum. Sie hatten ihre Sprechgeräte um die Ohren geschnallt und fingerten nervös an den Feinabstimmungskontrollen ihrer Gürtel herum. Zweifellos hatten sie ein paar unserer Frequenzen entdeckt und etliche unserer Berichte und Befehle abgehört. Doch sie waren verwirrt und planlos. Falls sie einen Ultrophonchef hatten, dann gaben sie keinerlei organisierte Meldung an ihn ab.

Nun begannen sie sich vor unserem Feuer zurückzuziehen. Gelegentlich schossen sie wieder über die Barriere hinweg, und die Explosionen ihrer Raketen blitzten an weit verstreuten Punkten dahinter auf. Einige versuchten es mit Schüssen »ins Blaue«.

Seltsamerweise waren wir es, die die ersten Verluste dieser Schlacht erlitten. Einige dieser Zufallsschüsse trafen tatsächlich ins Schwarze, während unsere Männer den strikten Befehl hatten, ihre Sperrfeuerdistanzen nicht zu überschreiten.

Durch den Ultrophon-Sichtschirm sah es so aus, als fände die Schlacht bei Tageslicht statt, vielleicht an einem wolkigen Tag, da die Raketen mit besonderem Glanz explodierten.

Die zwei Sperrfeuerlinien waren nicht mehr als fünfhundert Fuß voneinander entfernt, als die Sinsings auf eine Taktik zurückgriffen, die wir nicht vorausgesehen hatten. Zuerst bemerkten wir, dass sie sich leichter machten, indem sie überflüssige Ausrüstung wegwarfen. In ihrer Aufregung warfen einige zu viel weg und sausten sofort in die Luft. Dann schwebten einige wenige sanft aufwärts; eine größere Zahl folgte, während andere ihre Gewichtsbalance bewahrten und die Barriere mit hohen Sprüngen zu überwinden suchten. Manchen gelang es. Andere wurden wie Blätter im Sturm herumgewirbelt, knickten zusammen und sanken langsam zu Boden. Wieder andere stürzten in die Barriere, als ihnen der Gürtel vom Leib gerissen wurde.

Es gehörte jedoch nicht zu unserem Plan, dass auch nur ein einziger von ihnen entkam und sich zu den Han durchschlug. Schnell befahl ich Bill Hearn, seine Ersatzmänner das Sperrfeuer eröffnen zu lassen, und hörte, wie er den Chefs der Einheiten eine mathematische Formel zubellte.

Als die Explosionen stufenartig bis zu einer Höhe von drei Meilen aufstiegen, zogen wir unsere Schiffe zurück. Ich glaubte nicht, dass es einem der Sinsings gelang, in die Freiheit zu schweben.

Doch später erfuhren wir, dass einige von ihnen die Barriere überwunden hatten, entkommen waren und schließlich Nu-Yok erreicht hatten.

Es waren diejenigen, die das Sperrfeuer übersprungen hatten, die uns die größte Sorge bereiteten. Da die Hälfte unserer Langgewehre nach oben gerichtet waren, konnten wir kein fortlaufendes Sperrfeuer am Boden errichten, und so ließ ich die Barriere zwei Meilen zurückweichen. Aus dieser Position zogen sich unsere »Vorhänge« wieder zu, allerdings waren die Geschosse diesmal so geeicht, dass sie nicht erst bei Kontakt explodierten, sondern dreißig Fuß hoch in der Luft. Dies ließ den Sinsings kaum eine Chance, darüber oder darunter hinweg zu springen.

Nach und nach näherten sich die beiden Barrieren einander, trafen sich schließlich, und die Schlacht endete in der grauen Morgendämmerung.

Unsere eigenen Verluste beliefen sich auf siebenundvierzig Mann bei den Bodentruppen. Achtzehn von ihnen waren beim

Nahkampf gegen die Feinde getötet worden, denen es gelungen war, unsere Linien zu erreichen. Zweiundsechzig Mann waren umgekommen, als eines der feindlichen Ultroskope Sturzflieger Nr. 4 lokalisiert und mit Langstreckenwaffen abgeschossen hatte.

Da wir annahmen, dass fast jedes Mitglied der Sinsing-Gruppe getötet worden war, betrachteten wir den Angriff als großen Erfolg.

Er hatte aber noch eine weit größere Bedeutung. Bei jedem Teilnehmer des Feldzugs stärkte die Effektivität unserer Sperrfeuertaktik die Gewissheit, dass es uns gelingen konnte, die Han zu besiegen.

Wie ich Wilma erklärte:

»Ich war die ganze Zeit davon überzeugt, meine Liebe, dass die amerikanische Explosivrakete eine weit effektivere Waffe als der Desintegrationsstrahl der Han ist, sobald wir erst einmal alle Gruppen dazu bringen, sie systematisch und in koordinierter Art und Weise zu verwenden. Als direkte Schusswaffe eines Einzelnen ist das Raketengewehr der Zerstörungskraft des D-Strahls unterlegen, obwohl seine Reichweite ein bisschen größer sein mag. Das Problem ist, dass es bis jetzt nicht anders als die Gewehre und Flinten aus dem 20. Jahrhundert benutzt wurde. Seine Verwendungsmöglichkeiten bei der Artillerie und beim Errichten von Boden- oder Luftsperrfeuern sind gewaltig.

Der D-Strahl zeigt zwangsläufig an, von welcher Quelle er ausgeht; das Raketengewehr nicht. Der D-Strahl kann sein Ziel nur in direkter Linie erreichen. Die Rakete kann so konstruiert werden, dass sie in einem Bogen über dazwischen liegende Hindernisse auf ein unsichtbares Ziel zu fliegt.

Auch dürfen wir nicht vergessen, dass unsere Ultronisten uns mit dem Inertron eine perfekte Abschirmung gegen den D-Strahl versprechen.«

»Trotzdem, Tony, Liebster, zittere ich, wenn ich an die Schrecken denke, die vor uns liegen. Die Han sind klug. Sie werden eine Verteidigung gegen unsere neuen Taktiken entwickeln. Und sicher werden sie gegen uns nicht nur die ganze

Kraft ihrer amerikanischen Truppen zusammenziehen, sondern die vereinten Truppen des Weltreichs. Sie sind skrupellos und schlau[1].«

»Dennoch«, prophezeite ich, »zeigt der Finger des Schicksals heute direkt auf sie, und falls du und ich in diesem Kampf nicht getötet werden, dann werden wir es noch erleben, dass Amerika die gelbe Pest vom Angesicht der Erde tilgt[2].«

---

[1] In der Erstfassung steht an dieser Stelle: »*Und sicher werden sie gegen uns nicht nur die ganze Kraft ihrer amerikanischen Truppen zusammenziehen, sondern die vereinten Truppen des Weltreichs. Sie sind eine feige Rasse, doch schlau wie die Teufel der Hölle, und Erben einer seelenruhigen, skrupellosen, bösartigen Beharrlichkeit.*« Diese und die folgende rassistische Bemerkung kann man wohl als die verwerflichsten der vorliegenden Erzählung einstufen, da sie die chinesische Bevölkerung ausnahmslos als eine angebliche »Rasse« von »bösartigen Untermenschen« definieren, die am besten vernichtet werden sollte. Diese Art von Rassentheorie wird heute zu recht verurteilt. Vgl. auch die Anmerkung auf Seite 17 f.

[2] Vgl. auch die vorangehende Anmerkung auf Seite 102.

In gleicher Ausstattung sind die folgenden Bände erschienen:

Taschenschmöker aus Vergangenheit und Gegenwart

Jules Verne / Michel Verne: Der Humbug

104 Seiten – ISBN 978-3-943275-00-1

Warum stürmt eine Horde wilder Affen den englischen Stützpunkt auf Gibraltar? Womit verdiente der geheimnisvolle Mr. Hopkins sein Geld? Warum sitzt der junge Jean Morénas im Zuchthaus? Wie fährt man in der Zukunft mit der Eisenbahn? Wer dies und noch mehr wissen möchte, dem werden all diese Fragen im vorliegenden Buch beantwortet, das vier im deutschen Sprachraum weniger bekannte Erzählungen von Jules Verne und seinem Sohn Michel präsentiert.

Jules Verne: Der Weg nach Frankreich

195 Seiten – ISBN 978-3-943275-04-9

Während der französische Soldat Natalis Delpierre seine in Preußen lebende Schwester Irma besucht, erklären die deutschen Länder dem revolutionären Frankreich den Krieg. Gemeinsam mit allen anderen auf deutschen Boden lebenden Franzosen werden sie aufgefordert, innerhalb kürzester Zeit das Land zu verlassen. Es beginnt eine beschwerliche und auch gefährliche Reise durch Feindesland, deren Gelingen mehr als einmal auf der Kippe steht.

Jules Verne: Der Graf von Chanteleine

132 Seiten – ISBN 978-3-943275-06-6

Blutig zieht der Terror der Jakobiner durchs Land. Wer sich dagegen auflehnt, muss mit dem Schlimmsten rechnen, so auch der Graf von Chanteleine, dessen Frau ermordet und dessen Tochter entführt wird. Er steht vor der Wahl, aufgeben und sterben oder fliehen, um später zurückzukehren und Rache zu nehmen. Der Graf entscheidet sich für die Flucht. Doch auch am entlegensten Ort holt ihn der Terror schließlich ein. Hat er noch eine Chance, der Guillotine zu entgehen?

In gleicher Ausstattung sind die folgenden Bände erschienen:

Taschenschmöker aus Vergangenheit und Gegenwart

In der Reihe Taschenschmöker aus Vergangenheit und Gegenwart erscheinen Werke der klassischen Unterhaltungsliteratur, die seit vielen Jahrzehnten nicht mehr, oder noch niemals in deutscher Sprache verlegt worden sind.

1. *Jules Verne/Michel Verne*
   Der Humbug
   Vier Erzählungen
2. *Alexandre Dumas*
   Eine Amazone
   Zwei Erzählungen
3. *Gustave Aimard*
   Eine mexikanische Rache
   Eine Erzählung aus dem wilden Mexiko
4. *Jules Verne*
   Der Weg nach Frankreich
   Historischer Roman
5. *Friedrich J. Pajeken*
   In Sturm und Not
   Eine Erzählung aus dem Wilden Westen
6. *Jules Verne*
   Der Graf von Chanteleine
   Eine Episode aus der Revolutionszeit
7. *Jules Verne/Emilio Salgari/Karl May*
   Ein Drama in den Lüften
   Erzählungen aus luftigen Höhen
8. *Alexandre Dumas*
   El Salteador
   Ein Roman aus der Zeit Karls V.
9. *Emilio Salgari*
   In der Eiswüste
   Erzählungen aus arktischen Regionen
10. *Sir John Retcliffe*
    Das tote Haus
    Eine Novelle aus Düsseldorfs Vorzeit
11. *Gustave Aimard*
    Der Löwe der Wildnis
    Zwei Erzähl. aus dem wilden Mexiko
12. *Sir John Retcliffe*
    Der letzte Wäringer
    Novelle a. d. letzten Tagen Konstantinopels
13. *Emilio Salgari*
    Die Rose vom Dong-Giang
    Eine abenteuerliche Novelle aus Cochinchina
14. *François-Édouard Raynal*
    Die Schiffbrüchigen
    Zwanzig Monate auf den Aucklandinseln
15. *Alexandre Dumas*
    Die Taube
    Ein Briefroman
16. *Edgar Wallace*
    Der Geist von Down Hill
    Zwei Kriminalkurzromane
17. *Sir John Retcliffe*
    Nach Cayenne!
    Eine historisch-politische Novelle
18. *Philip Francis Nowlan*
    Armageddon 2419
    Eine Science-Fiction-Erzählung
19. *Jules Verne*
    Ein Lotterielos
    Ein Roman aus Norwegen

– Weitere Bände in Vorbereitung –

Einzelne Bände aus dieser Auflistung sind derzeit *(Stand März 2016)* noch nicht lieferbar, da sich die Herausgabe leider etwas verzögert hat. Dabei handelt es sich um die Bände 12, 17 und 19. Das Erscheinen ist für das laufende Jahr geplant.